NOUVEAU GUIDE DE L'AMATEUR de MALT WHISKY

NOUVEAU GUIDE DE L'AMATEUR de MALT WHISKY

Les 330
"Grands d'Écosse"
goûtés et jugés par

Michael Jackson

SOLAR

Titre original de cet ouvrage :
MALT WHISKY Companion

Traduction-adaptation :
Michel Beauvais

Photographies
Toutes sont de Ian Howes, à l'exception des suivantes :
page de titre de Stephen Oliver ; page 12, en bas à gauche,
de Glenmorangie ; page 14, de Glenturet ;
page 96, de Campbell ; page 62, de Tetsuya Fukui.

Les cartes proviennent de chez Lovel
Johns Limited, Oxford.
Étiquettes : Steve Gorton

ISBN : 2-263-02394-1
Code éditeur : 201438 9
Dépôt légal : septembre 1996

Imprimé à Hong Kong
Photocomposition : Nord Compo, Villeneuve-d'Ascq

SOMMAIRE

INTRODUCTION

L'INVENTION DE CE PLAISIR qu'est le whisky single malt est un bel exploit. Mais les Écossais ont eu la bizarrerie de la garder presque secrète pendant longtemps. Cette réserve des habitants des Highlands et des îles a son charme, mais, Dieu merci, la révélation nous est finalement parvenue.

J'ai toussé sur mon premier malt à 18 ans, et, durant les trente années qui ont suivi, l'Écosse a été pour moi une vraie caverne d'Ali-Baba. Certains souhaitent garder pour eux le secret, mais il y a le risque que la source se tarisse. D'autres ont attiré l'attention sur l'histoire et sur la légende des whiskies de malt et même, trop brièvement, sur leurs diverses personnalités. C'est ce qu'il faut faire.

Le caractère des malts

Les single malts sont des alcools très naturels, on ne peut plus tributaires des conditions locales. C'est pourquoi ils ont une forte personnalité. L'un ouvre l'appétit, l'autre facilite la digestion ; un autre accompagne une partie de golf, et un quatrième s'accommode mieux d'un bon livre, après dîner. Où trouve-t-on une telle diversité ?

En outre, un single malt voit son caractère évoluer, avec l'âge et le degré alcoolique, et selon la nature du bois dans lequel il est élevé. Les alcools produits par plus de cent distilleries de malt ont tous, ces dernières années, à un moment ou à un autre, été diffusés en single malts. Certains ne sont proposés qu'à un âge standard, alors que d'autres sont « millésimés », de l'année de la distillation et parfois de la mise en bouteilles. Quelques-uns sont vendus à des âges ou à des degrés alcooliques divers. On en trouve certains sous une douzaine d'étiquettes différentes, parfois davantage.

Quel est le meilleur ? Certains ont plus de personnalité, mais ils se distinguent aussi par un caractère sec ou doux, plein ou léger, vif ou rond, austère ou élégant, tout à la fois par le nez, le corps, la bouche et la finale. Un malt léger, sec et aromatique convient mieux en apéritif, alors qu'on le boira en digestif s'il est plein, doux et rond. Un malt souple est un bon cordial après la promenade, mais, s'il est lourd et fumé, on le dégustera à la veillée.

Vous trouverez ici le tour d'horizon le plus exhaustif jamais entrepris des single malts et de leur caractère. Je ne cherche pas d'excuse pour m'être laissé, parfois, emporter par la passion – ces whiskies vous y obligent ! Tel ou tel, que je bois depuis des décennies, me surprend et m'enchante toujours, et je n'ai jamais fini d'explorer ses charmes.

Nouveautés dans cette édition

Alors que l'amoureux de la bonne chère et des bons vins commençait juste à se familiariser avec les single malts et à choisir ses préférés, de nouvelles étiquettes nous sont parvenues des Highlands, des Lowlands, de la côte et des îles, depuis la parution de la première édition de ce livre.

Cet ouvrage analyse les mérites de toutes les distilleries de malt d'Écosse – et des quelques pays où on en trouve aussi. J'ai essayé de présenter, dans cette édition, toutes les versions disponibles. Il y a donc environ 200 notes de dégustation nouvelles ou révisées. J'ai aussi retenu des versions antérieures, et également des mises en bouteilles plus confidentielles – qu'il faudra remettre à jour dans les éditions futures. Ces diffusions limitées font le bonheur des vrais amateurs, qui ont toujours une chance de les découvrir sur une étagère, quelque part dans le monde, et qui y décèlent les petites différences par lesquelles un malt se révèle et se transcende.

De nombreux whiskies sont aujourd'hui diffusés au degré alcoolique qu'ils avaient dans le fût. Plusieurs de ces malts *cask-strength* font leur entrée dans cette édition, de même que certains whiskies élevés dans des fûts inhabituels.

C'est aussi le cas de quelques distilleries. L'une d'elles, appelée simplement Speyside, ouverte au début de la présente décennie, apparaît avec une version très jeune nommée Drumguish. Il y a également Allt-á-Bhainne (1975), Braes of Glenlivet (1974) et Mannochmore (1972). Strathmill, nouvelle également dans cet ouvrage, a semble-t-il embouteillé pour la première fois en 1993 (un millésime 1980), alors qu'elle existe depuis 1891.

Dans leur majorité, les distilleries sont représentées par une ou plusieurs nouvelles versions faisant l'objet d'une note de dégustation. J'ai parfois été amené à raccourcir des notes antérieures. Dans certains cas, j'ai modifié mes commentaires pour tenter de mieux cerner les qualités d'un whisky que je goûte régulièrement.

LES ORIGINES DES SPIRITUEUX

Les levures en suspension dans l'atmosphère entraînent la fermentation spontanée des sucres naturels. Cela donne de l'alcool : le raisin donne du vin, et le grain de la bière. L'art de la distillation était utilisé par les navigateurs (pour rendre l'eau de mer buvable), par les alchimistes, les parfumeurs et aussi pour préparer des médicaments et des boissons.

L'art de la distillation est réputé venir de l'Orient, peut-être de la Chine, par l'intermédiaire des Maures. Ceux-ci l'auraient introduit en Espagne, où l'on s'en servit pour la fabrication de parfums et de potions médicinales. Les premières distillations en Europe se firent dans des pays producteurs de raisin, comme l'Espagne et la France.

Cette technique semble avoir atteint l'Écosse vers le XIVe siècle, encore qu'il soit possible qu'on l'ait pratiquée plus tôt en Irlande. Au milieu du XVIIIe siècle, une distinction fut établie, en Écosse, entre les eaux-de-vie parfumées aux herbes ou aux épices et le malt « naturel ».

L'expression « eau-de-vie » – *aqua vitae* en latin – reçut, pour traduction écossaise et gaélique, *uisge beatha* et *usquebaugh*, entre autres orthographes. En raison du fait qu'ils sonnaient à l'oreille anglaise comme « uishgi », ces mots se dégradèrent rapidement en *whisky*.

Comme certaines vodkas et certains gins, les premiers distillats d'Écosse étaient parfumés avec des herbes et des épices. Vers le

L'Alambic à whisky des Highlands, *de Landseer. Ce tableau de 1820 rend bien l'atmosphère qui pouvait régner autour d'un alambic clandestin.*

milieu du XVIIIe siècle, on faisait une distinction entre ces alcools aromatisés et le *plain malt,* le malt tel quel.

Comment fait-on le whisky ?

La manière traditionnelle consiste à opérer la transformation de l'orge en malt, à faire infuser celui-ci dans l'eau, à le faire fermenter pour obtenir une sorte de bière (ou « vin »), et ensuite à le distiller dans un récipient de cuivre ayant la forme d'une grosse bouilloire ou d'une marmite. On fait toujours le whisky de malt de cette manière. A partir du milieu du XIXe siècle, les *blends,* ou mélanges de whiskies de malt, sont diffusés dans un style plus léger, et obtenus pour un coût moindre à partir de divers grains (pas tous maltés), au moyen d'un processus en continu, dans un alambic en forme de colonne, le *patent still.* Parmi les grains, on trouve de l'orge non maltée, du blé ou du maïs.

L'apparition des blends

Les Écossais, dans leur pays montagneux et aux côtes très longues, sont des marins et aussi des explorateurs, des commerçants et des ingénieurs. Par leurs innombrables voyages, ils ont fait du *blended scotch,* issu des whiskies de malt et de grains, le plus international des alcools.

Parmi les distilleries encore en activité, la plus ancienne date du XVIIIe siècle, même si l'on faisait du whisky auparavant sur le site de certaines d'entre elles. Beaucoup ont leur origine dans un alambic clandestin, ou dans une ferme. Au XVIIIe siècle et au début du XIXe, la production était faible et irrégulière, et il n'était pas encore question de marques (*brands*). Le whisky était vendu au fût à des épiciers et à des marchands de vins. Johnnie Walker comme George Ballantine tenaient boutique, et les frères Chivas étaient associés dans un commerce. Ces marchands, pour pallier le manque de qualité, ont créé leurs propres maisons d'encuvage, et leur nom est devenu une marque. John Dewar, qui est entré dans le commerce du whisky en 1806, a été le premier à le vendre en bouteilles.

La redécouverte des single malts

L'Écosse est toujours le premier exportateur mondial de spiritueux, mais le succès des blends, dans les mains d'un petit nombre de grands groupes, a inquiété les quelques distillateurs indépendants de whisky de malt. Après la Seconde Guerre mondiale, Glenfiddish s'est mis à exporter son whisky en single malt, d'abord vers l'Angleterre, puis, à partir de la fin des années 60, vers le reste du monde. C'était une gageure, mais les autres ont suivi. Le blended scotch est encore plus important par le volume, mais des single malts tels Glenfiddish, The Glenlivet, Glenmorangie, The Macallan ou Laphroaig ont acquis une place sur le marché international.

L'APPELLATION SINGLE MALT

Le terme SINGLE a une signification parfaitement claire et précise. Il implique que le whisky a été produit dans une seule distillerie et qu'il n'a été mélangé à aucun autre de provenance extérieure.

Le terme MALT, lui, désigne la matière première, du malt d'orge, exclusivement, macéré dans l'eau, fermenté sur levures, distillé dans une cuve.

Quant au mot SCOTCH, il atteste qu'un whisky a été distillé et élevé en Écosse. On trouve en effet, hors de Grande-Bretagne, un single malt distillé en Irlande et trois ou quatre autres au Japon. Ceux-là, évidemment, ne portent pas l'appellation Scotch.

Le SINGLE MALT SCOTCH doit en somme satisfaire à ces trois conditions : être le produit d'une seule distillerie, exclusivement fabriqué à partir de malt d'orge, et de provenance écossaise.

Il est arrivé, dans des cas peu fréquents, qu'un seul tirage d'alambic soit maturé dans des fûts identiques, puis embouteillé ; on parle alors de SINGLE-SINGLE. Ce n'est pas la manière habituelle de procéder car, s'il est vrai qu'un single malt est toujours issu d'une seule distillerie, les whiskies provenant d'une demi-douzaine de tirages, échelonnés sur une période de deux années, et vieillis dans des fûts différents peuvent fort bien, selon l'usage, être assemblés en pièces pour une durée de quelques semaines, en vue d'un embouteillage définitif dont l'étiquette mentionnera alors l'âge du plus jeune.

Quelques single malts sont étiquetés « Pure Malt ». Ce terme, cependant, est souvent utilisé pour désigner un assemblage de whiskies, tous de malt, mais provenant de plusieurs distilleries. Ce type de whisky est techniquement réputé pour être un assemblage – on appelle cela un «Vatted Malt» ; l'étiquette peut porter cette simple mention : «Malt Whisky », ou « Scotch Malt Whisky », ou même « Malt Scotch Whisky », si tant est, bien sûr, que le produit vienne bien d'Écosse. Bien que ces appellations soient parfaitement légales et désignent d'excellents produits, l'étiquette n'identifie, en l'occurrence, que le propriétaire de la marque ou le négociant, mais pas la distillerie.

Un whisky écossais mélangé – c'est-à-dire un *blended* – contient généralement 40 pour cent de malt, ceux qui sortent de l'ordinaire, plus de 60 pour cent, et les mélanges bon marché, beaucoup moins. Les mélanges de qualité peuvent contenir une bonne proportion de malt arrivé à maturité, ce qui explique qu'ils portent leur âge sur l'étiquette. Mais, encore une fois, la mention de l'âge ne reflète que celui du plus jeune des whiskies entré dans la composition de ce mélange.

Seuls les single malts qui portent le nom ou la marque de leur distillerie sont répertoriés ici. Parmi celles dont il est fait mention dans ce livre, quelques-unes sont fermées provisoirement (on dit qu'elles sont silencieuses) ou définitivement, mais leurs produits sont encore disponibles sur le marché.

EN QUOI LES SINGLE MALTS SONT-ILS DIFFÉRENTS ?

Les single malts sont tous des produits individuels, aussi différents les uns des autres qu'ils le sont des mélanges mêmes auxquels ils contribuent. Mais, avant d'entrer dans l'examen des critères qui président à la création de produits si différents à l'intérieur d'une même famille, il peut paraître utile de revenir succinctement sur les diverses étapes qui jalonnent la fabrication de tous les malts.

LE MALTAGE. L'orge doit être partiellement germée avant de pouvoir libérer ses sucres fermentables. A cette fin, elle est trempée à l'eau jusqu'à ce qu'elle commence à bourgeonner, puis elle est séchée à température élevée. C'est ce processus en deux temps qui constitue le maltage. Traditionnellement, les Écossais séchaient leur malt au-dessus d'un feu de tourbe. C'est cela qui donne à leurs whiskies ce caractère fumé. De nos jours, on utilise toujours la tourbe, mais dans des proportions variables.

LE BRASSAGE. Pour parfaire la transformation des amidons en sucres fermentables, on mélange le malt préalablement concassé à de l'eau chaude, dans une cuve appelée « cuve-matière » *(mashtun).* Le liquide qui en coule par gravitation s'appelle le moût.

LA FERMENTATION. Le moût est transféré dans une cuve de fermentation ; on y ajoute la ou les levures, et la fermentation alcoolique commence.

LA DISTILLATION. C'est la mise en ébullition des moûts fermentés, dans la marmite d'alambic, le fameux *pot-still.* Du fait que l'alcool bout plus rapidement que l'eau, il se transforme plus vite en vapeur et, au terme de sa pérégrination dans l'alambic, il est récupéré à nouveau condensé en alcool.

Il faut retourner le malt en train de germer pour l'aérer (ci-contre). Ci-dessus, la cuve-matière. Des râteaux mécaniques rotatifs brassent le malt.

LE POT-STILL

Un single malt est distillé dans des cuves traditionnelles, qui ressemblent à des bouilloires ou à de gros chaudrons de cuivre. On les appelle des marmites d'alambics. La plupart des autres whiskies, à base de grains divers, sont élaborés selon un procédé plus moderne, au moyen d'un alambic en forme de colonne dit à « chauffe continue ».

Du fait de l'inefficience inhérente à l'ancien système, une bonne part des effluves du malt reste dans la cuve, imprégnant d'autant mieux l'alcool. Le système à colonne distille de manière beaucoup plus fonctionnelle, mais produit un alcool de plus faible saveur. Les whiskies écossais mélangés, les blended, contiennent une proportion de malts issus de marmites d'alambics, assemblés à d'autres whiskies de fabrication plus moderne, à partir de grains meilleur marché et non maltés.

La forme de l'alambic

La marmite d'alambic est un récipient façonné par un chaudronnier, et on ne trouve jamais deux fois la même. L'histoire de quelques distilleries de malt écossaises remonte au XVIIe siècle, et pour beaucoup d'autres, au milieu du XIXe. Au fil des années, les distilleries ont toujours répugné à changer la forme de leurs alambics et, aujourd'hui encore, quand ils tombent en morceaux, on les remplace à l'identique.

La raison de cela, c'est que chaque irrégularité de la forme affecte le caractère du produit. Un alambic petit et trapu produira un alcool lourd et huileux. Au contraire, dans un grand modèle, une partie des vapeurs d'alcool se condense avant de quitter la cuve, retombe donc, et subit une nouvelle distillation. Cela explique que les grands alambics produisent des alcools plus légers et plus clairs.

Très souvent, la distillation des moûts s'opère à travers deux alambics installés en série, l'alambic à eau et l'alambic à alcool. Dans quelques distilleries des Lowlands, ainsi qu'en Irlande, on procède même encore selon un procédé de triple distillation.

Les alambics de Glenmorangie (ci-contre) sont les plus grands et les plus hauts d'Écosse. Ceux de Macallan (ci-dessus) sont les plus petits du Speyside.

L'INFLUENCE GÉOGRAPHIQUE

Les deux spiritueux le plus souvent comparés pour leur « régionalité » sont le cognac et le single malt écossais. Les régions de production du cognac sont contiguës et s'allongent sur environ 150 kilomètres d'aire d'appellation. Les single malts, en revanche, s'éparpillent dans un espace de près de 450 kilomètres d'un bout à l'autre, incluant la majeure partie de l'Écosse. Autre différence importante : les cognacs sont habituellement des mélanges, alors que les single malts sont toujours marqués par le caractère régional d'une distillerie.

L'eau

Ce n'est qu'à mots couverts que les producteurs des différents types de whisky parlent de l'importance de leur eau. Nulle part cette discrétion ne trouve plus de raison d'être que pour les single malts car, habituellement, l'eau utilisée dans leur élaboration n'est pas traitée, ce qui donne à chaque distillerie une personnalité qui lui est propre.

Le caractère de l'eau est non seulement influencé par le type de roche sur lequel la source jaillit, mais aussi par les terrains où coule le ruisseau jusqu'à la distillerie. Dans les Highlands, par exemple, l'eau vient souvent de roches granitiques et coule sur la tourbe. Un ruisseau de montagne se charge de sels minéraux sur la roche, ce qui donne au whisky de la fermeté et de la vivacité. L'eau de certaines distilleries coule sur des landes de tourbe, de mousse, de roseau, de fougère et, plus souvent, de bruyère – cette dernière donnant des arômes de fleurs et de miel.

Certaines eaux coulent sur la tourbe, et les whiskies en prennent un goût tourbé. Mais les arômes de tourbe viennent parfois aussi du combustible utilisé pour le maltage, et dans certains cas de la source. D'autres facteurs entrent également en compte – longueur du cours d'eau, type de tourbe.

L'eau joue de plusieurs façons sur le caractère du whisky. On l'utilise pour humecter les grains dans les quelques distilleries qui ont leurs propres aires de maltage, et à nouveau pour le brassage qui précède la fermentation et la distillation. On en introduit parfois dans l'alcool qui sort de l'alambic pour réduire légèrement le degré – certains distillateurs estimant que la maturation se fait alors dans de meilleures conditions. Les distilleries qui possèdent leur propre chaîne de mise en bouteilles introduisent parfois de l'eau pour réduire le degré à cette étape. Pour choisir le site d'une distillerie, la présence de l'eau et son caractère jouent un rôle déterminant.

La roche

On dit en Écosse qu'il faut parfois plusieurs siècles à l'eau pour passer le filtre des montagnes avant de surgir. En 1990, deux géologues, Stephen Cribb et Julie Davison, ont mené une étude sur les formations rocheuses des régions productrices d'Écosse, et l'ont confrontée à des notes de dégustation, en particulier à celles du présent ouvrage. Les résultats montrent que la similitude de goût que l'on retrouve dans différents whiskies pourrait bien être due, en partie, à un même type de roche traversé par l'eau. C'est ainsi que, dans les Lowlands, on note les mêmes roches carbonifères pour le Glenkinchie et le Rosebank, tous deux secs et vifs. Les roches les plus anciennes, d'où proviennent les eaux de Bowmore et de Bruichladdich, à Islay, à l'ouest de l'Écosse, formées il y a 600 à 800 millions d'années, donnent, semble-t-il, un goût de fer. Dans le Speyside, à l'est de l'Écosse, le granit des monts Grampian est considéré comme responsable du caractère spécifique des whiskies issus d'une eau très douce. Au nord-est, c'est peut-être le grès qui donne leur fermeté de corps à des whiskies tel Glenmorangie. Et l'eau des single malts à forte personnalité, tels Talisker et Clynelish, coule sur un socle rocheux original.

La neige

Elle couvre les montagnes d'Écosse, puis fond pour s'infiltrer dans les fissures de la roche, pour surgir en sources avant d'aller pourvoir les réservoirs de maltage et les distilleries. Il y a donc de la neige fondue

Comme la plupart des distilleries écossaises, Glenturret est bâtie au pied des montagnes, d'où s'écoule la précieuse eau.

dans presque toutes les bouteilles de whisky. C'est particulièrement vrai pour une grande partie des Highlands, dominée par les monts Grampian, et pour les vallées de petites rivières tels la Livet et la Fiddish, affluents de la Spey, orientées vers le nord, en direction du Moray Firth.

Le sol

Le sol n'affecte pas seulement la nature de l'eau, mais aussi celle de la tourbe locale. Si la distillerie fabrique son propre malt, elle utilisera la tourbe locale pour le séchage. L'âge des sédimentations de cette tourbe, sa teneur en matière végétale et la présence de la bruyère affirmeront leur influence sur le caractère de ce malt.

L'orge

L'Écosse produit quelques-unes des meilleures orges qui soient pour le maltage, surtout dans les régions à whisky, et en particulier dans les Lowlands et dans les zones où la Spey et d'autres rivières coulent sur des terrains plats, en direction du Moray Firth. Cette bande côtière jouit de jours d'été étonnamment longs et de brises fraîches – même si celles-ci deviennent parfois trop fortes en fin d'été, au moment de la récolte.

Pendant très longtemps, les malteurs et les distillateurs ont préféré une orge locale appelée Golden Promise, dont les chaumes courts résistent au vent. Sa maturité est précoce (août), et elle donne des saveurs riches et un goût de noix. Lorsque l'industrie s'est développée, les cultivateurs se sont mis à produire des variétés à meilleur rendement, et les distillateurs à rechercher des variétés donnant des sucres fermentant mieux – mais on ne retrouve pas la même richesse de saveurs.

Macallan a tenté une expérience en distillant un lot avec de l'orge Golden Promise et un autre avec une variété à fort rendement, et la différence a été éloquente : l'orge de la deuxième variété a donné un whisky nettement plus fin, « poussiéreux » et presque métallique.

La température

Dans un climat froid, la température naturelle de l'eau l'est aussi. Lorsqu'on peut disposer d'eau à basse température pour refroidir les serpentins de l'alambic, il semble que cela produise un whisky spécialement riche et clair, d'autant plus qu'il fait également froid dans le hall de fermentation. Les distilleries installées dans les hautes vallées ombragées sont tout à fait remarquables à cet égard. Les fûts de chêne dans lesquels mûrit le whisky se contractent et se dilatent en fonction de l'amplitude des écarts thermiques.

Les microclimats

Bien qu'un même type de levures, surtout des levures de bière, soit utilisé dans l'industrie de distillation du malt, chaque cuve de fermentation a une production spécifique. Celle-ci peut varier en fonction des matériaux utilisés pour la fabrication des cuves de fermentation, métal quelquefois, bois le plus souvent, riche en micro-organismes variés et surtout très sensibles aux variations climatiques à l'intérieur et autour de la distillerie.

L'air
S'il est un facteur déterminant, c'est bien l'air, l'air que « respirent » les tonneaux. Les magasins de maturation traditionnels ont un sol de terre battue, et l'atmosphère y est souvent lourde et humide. Cela est encore plus sensible lorsque la distillerie est située près de la mer. Fréquemment, les entrepôts de garde sont au bord même de l'eau, fouettés par les marées. C'est ainsi que certains single malts, surtout sur les côtes rocheuses, restent marqués d'un inimitable goût salé de varech.

LES RÉGIONS CLASSIQUES

A l'instar des vins, les single malts écossais sont groupés par régions. Comme pour le vin, ces notions d'origine sont à prendre plus comme fil conducteur que comme règle intangible. Parmi les bordeaux, par exemple, un pomerol particulièrement riche peut avoir quelque chose d'un bourgogne. On peut faire de semblables comparaisons en Écosse. La classification par régions se fonde sur la réglementation des licences et des droits, mais elle recouvre également certaines caractéristiques.

Les Lowlands
La production des Lowlands est nettement colorée par la douceur du malt que ne viennent altérer ni la tourbe des Highlands ni l'air marin des îles. La région des Lowlands est circonscrite par une ligne qui suit les anciennes frontières des comtés, puis court de l'estuaire de la Clyde à celui de la rivière Tay. Cette ligne passe au nord de Glasgow et Dumbarton et file en direction de Dundee et Perth.

Les Highlands
Les Highlands sont de loin la région la plus vaste, ce qui, inévitablement, entraîne des différences profondes. A l'ouest, du moins dans la partie continentale, on ne trouve que peu de distilleries, largement éparpillées. Cela explique qu'il soit difficile de définir un caractère propre à la région. Si l'on peut trouver quelque chose de commun dans leur production, c'est un caractère rond, ferme et sec, avec une nuance de tourbe. Dans le Nord, des whiskies épicés se parent d'un délicat parfum de bruyère. Probablement cela est-il dû à cette situation géographique des distilleries, tant en ce qui concerne les sols que du fait de leur implantation le long de la côte. L'est des Highlands, mieux

L'ÉCOSSE
Comme le montre cette carte, les principales régions de distillation sont celles réparties entre les Lowlands, les Highlands et les îles. A l'intérieur de ces trois grandes aires, il faut distinguer deux hauts lieux, l'un dans les Highlands (le Speyside), l'autre à l'ouest (l'île d'Islay). Sur cette carte apparaissent environ la moitié de toutes les distilleries de malt écossaises.

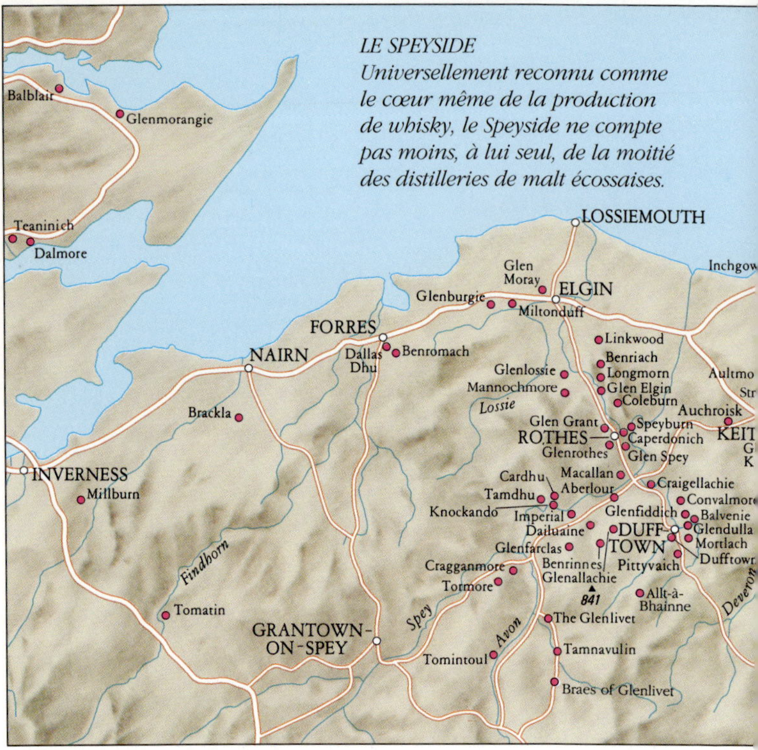

LE SPEYSIDE
Universellement reconnu comme le cœur même de la production de whisky, le Speyside ne compte pas moins, à lui seul, de la moitié des distilleries de malt écossaises.

abrité, et le centre de l'Écosse – que l'on appelle quelquefois les Highlands du Sud – proposent un bon nombre de whiskies particulièrement fruités.

Aucune de ces régions n'est officiellement considérée comme une véritable aire d'appellation en soi. Mais le Speyside, cette épaule que dessine la côte Est, est universellement reconnu comme le cœur même de la distillation du malt. Cet espace, entre les villes d'Inverness et d'Aberdeen, bordé au nord par la mer, s'incline des flancs de la montagne granitique vers une campagne fertile où l'on cultive, entre autres, de l'orge. C'est la ligne de partage d'un système de rivières dont la principale est la Spey. Bien que, là encore, les choses ne soient pas parfaitement définies, on admet tout de même communément que le Speyside s'étend de la rivière Findhorn à la rivière Deveron. D'autres rivières encore sillonnent cette région, notamment la Livet.

Les single malts du Speyside sont en général remarquables pour leur élégance, leur complexité, et souvent une nuance raffinée de fumée. Mais, par-delà ces tendances, ils peuvent s'apparenter à l'un ou l'autre de deux types extrêmes. L'un fort en sherry, ample, bien représenté par les Macallan Glenfarclas, Aberlour, l'autre d'un caractère plus subtil, plus léger, illustrant bien l'esprit de la Livet. Tous les

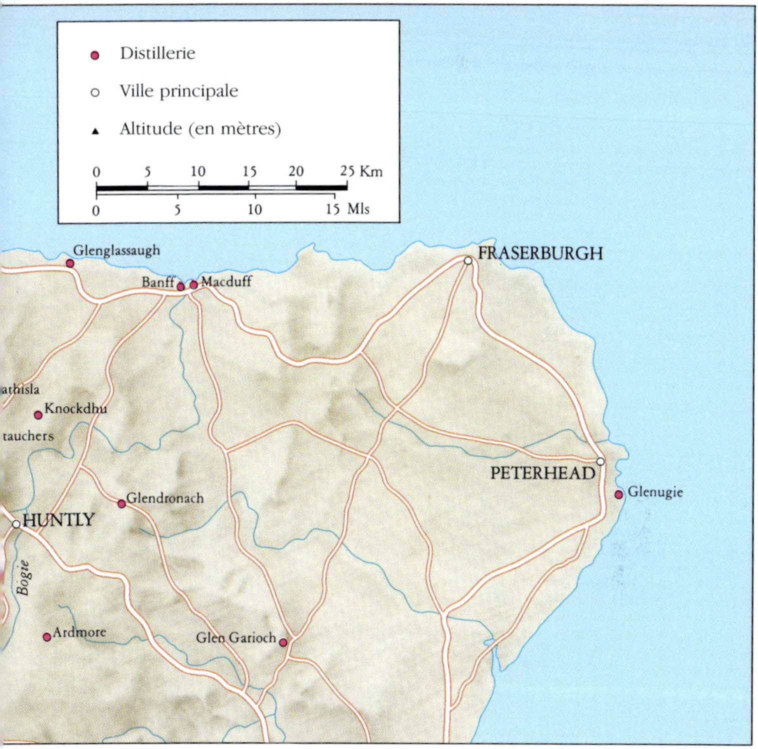

malts nés dans les gorges de la Livet possèdent en partage cette délicatesse et cette complexité. On pourrait discuter longtemps pour savoir si oui ou non toutes ces petites vallées du Speyside ont en commun quelques caractéristiques locales. La région des Highlands comprend également un nombre respectable de malts qui viennent de la côte Ouest ou de ses îles. C'est à juste titre que l'on accorde le statut de région à part entière à l'une de ces îles, Islay, et à une péninsule, Campbeltown.

Campbeltown

Sur cette presqu'île que l'on appelle le Mull de Kintyre, la cité de Campbeltown ne comptait autrefois pas moins d'une trentaine de distilleries. Aujourd'hui, il n'en reste que deux. L'une, Springbank, produit deux malts différents. Il y a là une bizarrerie qui se justifie par le caractère légèrement plus tourbé de l'un et le parfum accusé de fumée de l'autre. Les single malts de Campbeltown sont très reconnaissables à leur auréole d'embruns, à leur saveur iodée nuancée de varech – ils sont à la fois doux et salés. Bien qu'ils ne soient plus que trois, on les considère toujours comme une aire d'appellation de plein droit. C'est justice.

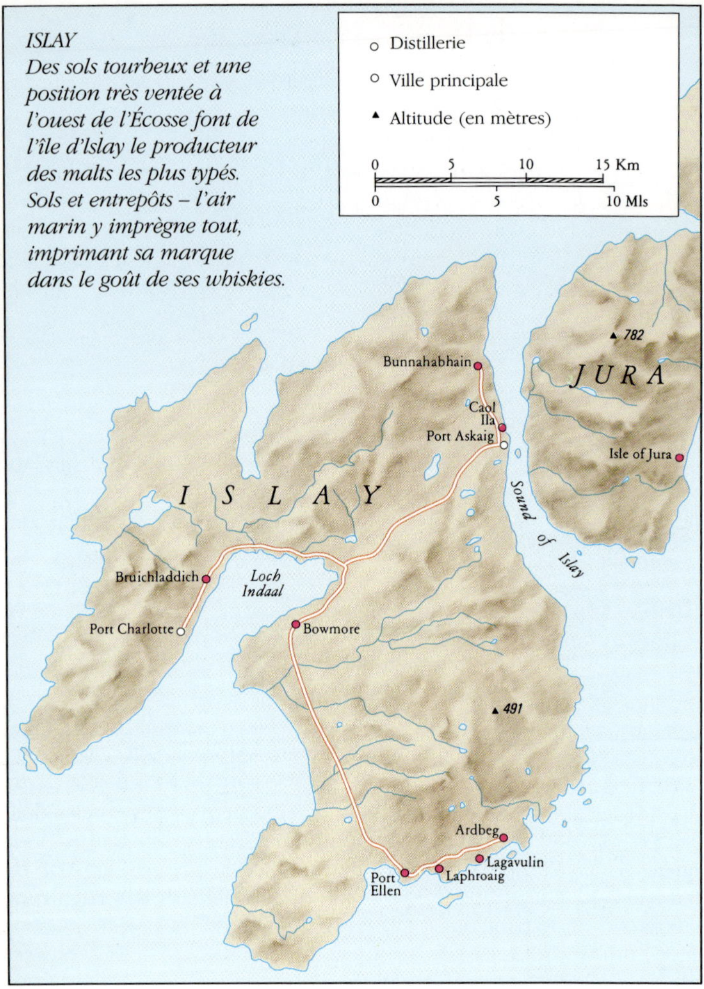

ISLAY
Des sols tourbeux et une position très ventée à l'ouest de l'Écosse font de l'île d'Islay le producteur des malts les plus typés. Sols et entrepôts – l'air marin y imprègne tout, imprimant sa marque dans le goût de ses whiskies.

Islay

C'est la plus grande des «îles à whisky», et la plus méridionale des Hébrides. Presque partout revêtue d'un épais manteau de tourbe, elle est fouettée par le vent, la pluie, la mer. Elle n'est longue que d'une quarantaine de kilomètres mais n'abrite pas moins de huit distilleries ; bien sûr, toutes ne sont pas en activité. Ses single malts sont connus pour leur odeur de varech, leur saveur iodée, leur caractère phénolique dû probablement à leur séjour dans des fûts de chêne, leur odeur vanillée de girofle et de moka. Un doigt de malt d'Islay – prononcer «aïe-la» – donne à beaucoup de blended (whiskies mélangés) cette inimitable touche écossaise.

LA MATURATION

A l'origine, les fûts de bois n'étaient utilisés que comme de simples récipients de transport. C'est par hasard qu'on leur découvrit cette capacité de favoriser l'épanouissement des alcools, avec le temps. Cet épanouissement étant naturellement lié de très près à la nature du bois employé. Si les avantages du temps, c'est-à-dire du vieillissement, étaient déjà bien connus des riches propriétaires de caves depuis les tout débuts de la distillation en Grande-Bretagne, on n'a pourtant commencé à faire vieillir systématiquement le whisky qu'à la fin du XIXe siècle.

Le choix des bois de fûtaille

A l'époque où l'Espagne exportait vers l'Angleterre de grandes quantités de sherry en fûts, les importateurs trouvèrent le marché idoine pour les fûts vides, en les revendant aux Écossais pour faire vieillir leur whisky. A cette époque, il y avait une grande variété de tonneaux en circulation. Les uns avaient servi à la première fermentation, les autres à la maturation à l'air libre, celui-ci pour faire du sherry *fino,* celui-là pour faire de l'*oloroso,* cet autre pour faire de l'*amontillado* et ces derniers simplement pour le transport ou le stockage. De nos jours, le bois est moins utilisé, et quelques distilleries commandent leurs fûts à des tonneliers espagnols, puis les prêtent à des *bodegas* de sherry avant de les convoyer vers l'Écosse. La bodega les utilise neufs, et la distillerie déjà vinés. L'influence des tonneaux de sherry est de la plus grande importance. Elle apporte au single malt richesse, rondeur et profondeur. Cela, comme nous l'avons souligné plus haut, fut découvert par hasard. C'est ce que l'on peut appeler un sublime accident.

Pour fabriquer les tonneaux de bourbon, les douelles de chêne sont mises en forme à l'étuve, puis ils sont flambés un court instant, avant d'être terminés à la main.

Quelques puristes soutiennent que le vieillissement en fûts de sherry est indispensable à l'élaboration d'un single malt traditionnel. Macallan est le seul distillateur à utiliser encore, exclusivement, des fûts de sherry. Elle s'en sert deux fois, puis les revend à d'autres, qui vont les utiliser une troisième et une quatrième fois.

Une autre « école » fait appel à l'utilisation de fûts de bourbon. En ce qui concerne cette deuxième chapelle, la règle édicte que « … le bourbon doit être vieilli dans du chêne neuf, et ce pendant au moins quatre ans ». Cela implique, du fait d'un unique remplissage, une notion d'emballage perdu. Lorsqu'on saura qu'un certain nombre de distilleries de bourbon appartient aux mêmes groupes que beaucoup de distilleries de malt, on aura compris qu'il s'agit là d'une logique bien ordonnée.

Le chêne neuf donne au bourbon ce goût de vanille qui lui est essentiel, mais qui écraserait un malt écossais. Une fois que ce goût a été absorbé par le bourbon pendant ses quatre années de maturation, il n'en subsiste plus qu'une légère présence, tout à fait compatible avec une bonne maturation du malt.

L'Espagne et le Kentucky n'utilisent, en tonnellerie, que du chêne. En Espagne, il est de deux origines, soit autochtone et plus précisément de Galice, soit importé des États-Unis. Si le chêne espagnol est plus résineux, surtout quand il vient des montagnes, le chêne américain, lui, est d'un grain plus fin, plus dur, et sa gestation du whisky est plus lente.

Le directeur de production de Macallan goûte du sherry dans une bodega. Les tonneaux estampillés MG sont destinés à la maturation des single malts de la distillerie.

Beaucoup de distilleries disposent d'un large éventail de fûts – sherry et bourbon – d'âges et origines variés. On peut parler d'une véritable orchestration lorsqu'il s'agit d'harmoniser l'ultime assemblage. Le contenu de votre bouteille peut fort bien provenir de quatre ou cinq bois différents.

Les autres « bois »

On trouve parfois des tonneaux à rhum et des barriques à porto dans les entrepôts à whisky. Springbank a diffusé un malt doux, onctueux, épicé et mentholé vieilli dans des tonneaux à rhum. En 1993, Gordon and MacPhail a proposé un malt aromatique et vif, aux notes de gingembre et de chêne, élevé dans des fûts à alcool de vin, et une version aux nuances de caramel issue d'une barrique à porto (l'un et l'autre distillés à la fin des années 60).

Lorsque Glenmorangie a diffusé un whisky ayant achevé son vieillissement dans des barriques à porto (voir page 151), il a également sorti un malt expérimental, très nerveux (presque cassant), élevé dans des fûts du Limousin ayant contenu du cognac, et une délicieuse version vieillie dans du bois de madère (qu'on ne trouve pas sur le marché).

Les effets du bois sur la maturation

La maturation est un processus complexe. L'alcool issu de la distillation est souvent âpre et « spiritueux », mais il perd ce caractère par évaporation. Avec la contraction et l'expansion du bois, liées aux saisons et aux températures, le whisky exhale les saveurs de l'alcool et prend des arômes naturels qui proviennent de l'environnement : en particulier des arômes de pin, d'algue et d'air marin. Le bois lui-même « lâche » aussi ses arômes : le goût de noix du vin pour les fûts de sherry (xérès), des notes de caramel, de vanille et de tanin pour les tonneaux de bourbon.

Le chêne d'Amérique est utilisé pour les tonneaux de bourbon, mais aussi pour beaucoup de fûts de sherry (même si le chêne d'Espagne est également employé). Il présente un grain plus fin, et la maturation y est plus difficile et lente. Le chêne d'Espagne est plus résineux. Il s'agit d'espèces bien différentes ; celui d'Espagne est adapté au bord de mer, et celui d'Amérique à un climat continental.

L'importance de l'oxydation dans la maturation

C'est peut-être l'oxydation, très lente et douce, qui a le plus d'importance sur le goût du whisky. Si les brasseurs et certains vinificateurs voient dans l'oxygène un ennemi, responsable de l'éventement, ce gaz joue un rôle important dans l'élaboration des vins de Madère, par exemple.

Jim Swan a mené sur le sujet de l'oxydation des travaux importants, d'abord pour le Pentlands Scotch Whisky Research Institute (propriété des industriels), puis pour sa propre compagnie. Il affirme que l'oxydation augmente la complexité et l'intensité des bonnes flaveurs du whisky, en particulier les notes de fruits, d'épices et de menthe. Comme dans la production de toutes les boissons alcooliques, ces flaveurs proviennent d'une série complexe d'actions et de réactions. Des traces de cuivre (dues à l'alambic) servent de catalyseur. Elles transforment l'oxygène en péroxyde d'hydrogène, qui attaque le bois, libérant le goût de vanille. Cela favorise l'oxydation, et accentue en outre les saveurs et les arômes. Ce processus varie en fonction de l'origine du bois et de son mode de croissance.

C'est ce qui a conduit certaines distilleries à prendre en compte non seulement la distinction entre fûts de sherry et fûts de bourbon et le pays producteur du bois, mais également la région d'origine de ce dernier. En Espagne, où les chênes viennent surtout de Galice, les arbres des zones montagneuses sont plus résineux. Aux États-Unis, les États producteurs sont surtout l'Ohio, le Kentucky, l'Illinois, le Missouri et l'Arkansas. La partie ouest de cette vaste région a les sols les plus pauvres, et la survie des arbres y est plus difficile, ce qui favorise le bois de printemps aux pores plus ouverts, plus favorable au processus de maturation.

Degré d'alcool et proof

Le degré volumique est la meilleure mesure possible de la richesse en alcool, et ce système est maintenant adopté par toute l'Europe. Quarante pour cent d'alcool par volume est l'équivalent de 70 proof dans l'ancien système – fort complexe – de mesure britannique.

Un malt sort de l'alambic à un peu moins ou un peu plus de 70 % vol., et on le ramène aux alentours de 65 % vol. en ajoutant de l'eau, avant le vieillissement. Dans les fûts, il perd jusqu'à 2,5 % de son alcool par an, par évaporation. A maturité, il est en général de 60 % vol. (ou un peu moins, selon le temps de vieillissement), mais on ajoute encore de l'eau, le plus souvent, avant la mise en bouteilles.

TOUS LES SINGLE MALTS

LES PAGES QUI SUIVENT passent en revue, par ordre alphabétique, toutes les distilleries dont le whisky single malt a été mis en bouteilles au moins une fois. D'ailleurs, seules quelques-unes, nouvelles (telle Kininvie), ne sont pas dans ce cas. Lorsqu'un malt est diffusé sous deux ou trois âges ou degrés alcooliques différents, j'ai consacré un commentaire à chaque version. Et j'ai aussi donné une note à chacune (voir page 31).

Malts d'âges différents

Pour tous les single malts, l'âge mentionné sur l'étiquette est celui du whisky le plus jeune qu'il y ait dans la bouteille. Certaines distilleries embouteillent leur malt très jeune (souvent sans mention d'âge), pour un public qui recherche des prix avantageux ; dans la bouteille, on trouve des whiskies de 5 ans d'âge (ou même moins), et en général aucun n'ayant plus de 10 ans. Mais il s'agit bien d'un single malt, puisque tous les whiskies proviennent de la même distillerie.

On trouve également des malts très âgés. Certaines distilleries en proposent des bouteilles à des prix très élevés, sans indication d'âge, mais en mentionnant leur ancienneté. Des bouteilles de ce type contiennent des whiskies de 12 à 18 ans. Ces assemblages de malts peuvent être délicieux. Ce serait les brader que de les proposer comme des 12 ans d'âge, mais ils ne peuvent être étiquetés 18 ans d'âge.

Une étiquette qui ne porte aucune mention d'âge pose un problème au consommateur. Les whiskies de malt les plus jeunes contenus dans la bouteille ont entre 5 et 8 ans, mais il n'est pas impossible qu'ils soient assemblés à des versions plus âgées.

« Flora and Fauna »
(d'une distillerie fermée).

Les malts millésimés portent l'année de l'embouteillage.

Les malts millésimés

Lorsqu'une distillerie propose un whisky d'âge spécifique – 10, 12, 18 ou 25 ans, par exemple –, il s'agit d'un assemblage de divers malts, pour que le breuvage ait la consistance voulue. Toutefois, aucun n'a un âge inférieur à celui mentionné sur l'étiquette, et certains peuvent être nettement plus vieux. Par l'assemblage, les producteurs cherchent à conserver à peu près le même goût à leurs produits. Cependant, certaines étiquettes mentionnent une date : c'est celle de la distillation, et l'acheteur doit supposer que le whisky a été vieilli avant d'être mis en bouteilles. La date de cette mise en bouteilles est d'ailleurs parfois précisée (souvent en petits caractères). Beaucoup de notes de dégustation du présent ouvrage concernent des whiskies de ce type.

Les étiquettes similaires

Dans cet ouvrage, vous trouverez bon nombre d'étiquettes qui se ressemblent beaucoup. C'est parce que, d'une part, ces étiquettes sont celles d'embouteilleurs indépendants qui diffusent des malts (voir pages 27 à 29). Mais c'est aussi parce que, en 1990-1991, United Distillers a diffusé une série de ses whiskies, qui n'avaient pas été auparavant mis sur le marché en embouteillage « officiel » – ils entraient dans les blends, et quelques-uns avaient été mis en bouteilles par des indépendants. United Distillers possède un grand nombre de distilleries, et cette diffusion a concerné beaucoup de single malts. Tous ont une étiquette représentant la flore et la faune locale, et ils devaient être initialement vendus dans les environs de leur distillerie ; toutefois, certains sont maintenant vendus dans toute la Grande-Bretagne. J'ai baptisé cette série Flora and Fauna, bien que ce ne soit pas une appellation officielle.

L'EMBOUTEILLAGE INDÉPENDANT

Sans les indépendants, beaucoup de whiskies de malt intéressants auraient disparu pour toujours dans les blends et n'auraient jamais été diffusés en single malts. Seules deux distilleries, Glenfiddich et Springbank, possèdent une chaîne de mise en bouteilles dans leurs locaux – c'est intéressant parce que cela leur permet d'utiliser la même eau pour la distillation et pour réduire le degré alcoolique avant l'embouteillage. Beaucoup, en revanche, sont la propriété de groupes qui possèdent une grande chaîne de mise en bouteilles. D'autres passent des contrats avec des embouteilleurs, ou confient à des marchands de vins et de spiritueux la tâche d'embouteiller et de vendre leurs produits. Dans ces derniers cas, l'eau de réduction du degré est filtrée ou dénaturée.

Il est rare que les distillateurs destinent tout leur whisky à l'embouteillage en single malt. Dans leur majorité, ils en vendent une bonne partie aux courtiers, pour les blends. Mais une portion de ce volume est récupérée par les embouteilleurs indépendants. C'est ainsi que le propriétaire d'une distillerie appelé McSporran vend une partie de sa production sous son nom ; cependant, la réputation du McSporran repose en grande partie sur des indépendants qui mettent son whisky en bouteilles, mais pas nécessairement celui des fûts qu'il préfère, ni à l'âge ou au degré qui lui semblent les meilleurs.

Certains distillateurs limitent la diffusion de leur whisky pour couper l'herbe sous le pied aux indépendants – tandis que d'autres font appel aux tribunaux. Parfois, les indépendants utilisent un nom légèrement différent de celui du whisky, pour indiquer leur identité sans enfreindre la loi.

Les lots restreints

Il est fréquent que des indépendants n'embouteillent qu'un unique fût, ou même seulement une « parcelle » (pour reprendre leur jargon). Il est donc possible que certains malts présentés dans cette édition ne soient plus disponibles chez l'embouteilleur ; toutefois, il n'est pas improbable que l'on découvre des bouteilles chez un marchand ou dans un bar, à Glasgow, à Londres, à Paris ou à Tokyo, le stock n'étant pas encore épuisé.

Gordon and MacPhail

Cette société vend toujours des alcools dans sa boutique d'Elgin, sur les lieux de ses débuts, mais elle est aujourd'hui connue partout dans le monde, par les amateurs de whisky, pour son activité d'embouteillage. Gordon and MacPhail, créée en 1895, détient des milliers de fûts, dont plusieurs sont âgés d'un demi-siècle ; la société embouteille certains whiskies sous l'autorité du distillateur ou avec son agrément tacite. Étant donné ses stocks, elle a la possibilité d'encuver pour obtenir une certaine constance de goût. Elle diffuse ses malts les plus remarquables sous l'étiquette « Connoisseurs Choice ». Beaucoup de ses whiskies sont vieillis en fûts de sherry. L'adresse de la boutique : 58-60 South Street, Elgin (tél. 0343-545 111).

Beaucoup de distilleries diffusent sous Connoisseurs Choice.

Cette étiquette de Cadenhead utilise l'ancien graphisme de « Glenlivet ».

William Cadenhead

Cet embouteilleur indépendant imprimait autrefois l'adresse de son siège social, à Aberdeen, sur ses étiquettes, mais il est en fait établi à Campbeltown, dans les locaux de la distillerie Springbank, dont il est copropriétaire. Avec le temps, la société a réuni une extraordinaire sélection de whiskies des plus divers et des plus rares, souvent en très petites « parcelles ». Cadenhead propose notamment des whiskies vieillis dans des bois peu utilisés, ou à un degré d'alcool inhabituel, ou dont l'origine est obscure. Beaucoup sont embouteillés au degré du fût, et sans filtration par réfrigération (ce procédé de précipitation éclaircit le breuvage, mais lui fait perdre une partie de son arôme ; néanmoins, presque tous les whiskies subissent cette manipulation). L'ancienne étiquette, très simple, de Cadenhead, imprimée en noir et blanc, est maintenant remplacée par une autre, élégante, avec un code de couleur qui indique la région d'origine. Cadenhead vend au détail dans sa boutique d'Édimbourg, sur le Royal Mile, 172 Canongate (tél. 0131-556-5864), mais la vente en gros se fait à Campbeltown (tél. 01586-554 058). Chez Cadenhead, on peut acheter « en primeur » un whisky fraîchement distillé, qui va ensuite vieillir en fût jusqu'à une date fixée – un vingt et unième anniversaire, par exemple.

Autres embouteilleurs indépendants

James MacArthur, établi à High Wycombe, en Angleterre (tél. 04 945-30 740), et Signatory, d'Édimbourg (tél. 031-555-4988), se sont l'un et l'autre taillé une réputation pour leurs whiskies de bon niveau. Certains marchands de vin embouteillent aussi le whisky, tel *Berry Brothers and Rudd*, sur St Jame's Street, à Londres ; il faut noter également les sociétés *Reid's* et *Avery's*, l'une et l'autre à Bristol. Parmi les indépendants apparus récemment, qui proposent des whiskies intéressants, mentionnons : *The Whisky Connoisseur*, Thistle Mill, Station Road, Biggar, Écosse ; *The Whisky Castle*, Tomintoul, Ballindaloch, Banffshire, Écosse ; *Inverallan,* Alva, Écosse. Sous le nom de Prime Malt, *Carlton Importers*, de Baltimore, diffuse des malts assez marqués par le sherry. *Michel Couvreur*, de Meldrum House, Aberdeenshire, propose une gamme de single malts de caractère varié. On trouve de plus en plus de whiskies étiquetés par des indépendants, parfois uniquement dans un seul pays. Beaucoup viennent en fait des maisons citées ci-dessus.

Signatory est une nouvelle maison d'embouteillage. Ici, il s'agit d'une édition rare du whisky de la distillerie Clynelish.

Embouteillages d'associations

The Scotch Malt Whisky Society, The Vaults, Leith, Édimbourg (tél. 031-554-3452). Cette maison a inauguré l'embouteillage au degré du fût. Les whiskies sont diffusés régulièrement aux membres, avec des notes de dégustation.

The Malt Whisky Association, The Corn Exchange, The Pantiles, Tunbridge Wells, Kent, Angleterre (tél. 0892-513 295), diffuse ses propres embouteillages sous le nom de Master of Malt.

LA DÉGUSTATION ET LES NOTES

Chacun reconnaît qu'un Château Latour a davantage de complexité qu'un vin de table. Un tel jugement ne choque personne, même s'il s'agit d'une comparaison entre vins fins. Or, pour ce qui concerne le whisky, les single malts sont précisément l'équivalent des vins fins, et certains malts sont d'un niveau supérieur aux autres par leur caractère et les exigences qui ont présidé à leur élaboration. Certains producteurs cherchent à masquer la réalité en parlant de « goût personnel ». Évidemment, il n'existe pas d'aune précise pour mesurer l'excellence des whiskies ou des vins…

Dans cet ouvrage, j'ai tenté de décerner des notes de dégustation à tous les malts existant sur le marché. Un compte rendu de dégustation n'est évidemment pas définitif, mais il peut être fort utile à celui qui, par exemple, cherche un whisky plutôt léger et sec ou, au contraire, riche et influencé par le sherry.

C'est dans cet esprit que, depuis longtemps, j'ai cherché à décrire le caractère des bières et, dans ces pages, celui des whiskies. J'essaie d'en restituer une image aussi fidèle que possible, avec une introduction sur la distillerie elle-même, et une définition du STYLE des whiskies produits. J'examine ensuite chaque whisky, en donnant des indications sur la COULEUR, le NEZ, le CORPS, la BOUCHE, la FINALE.

Le style
Dans cette rubrique, je décris le caractère spécifique du whisky et je propose un emploi (par exemple, apéritif ou digestif) ; il ne s'agit évidemment que d'une suggestion, pour que l'on boive chaque malt dans l'atmosphère et les circonstances qui lui conviennent le mieux. Il ne faut pas la prendre au pied de la lettre.

La couleur
La couleur naturelle d'un malt vieilli dans le bois est un jaune très pâle. Des nuances plus sombres, allant de l'ambre jusqu'au rubis en passant par le brun profond, peuvent être le fait du sherry. Quelques distilleries emploient des fûts traités au concentré de sherry : ces malts, en conséquence, tirent souvent sur le caramel, tant par l'apparence que par le goût.

Je n'entends pas suggérer par là qu'en soi une couleur soit préférable à une autre, mais simplement qu'une nuance subtile ou profonde peut augmenter le plaisir d'un bon malt. Après tout, n'est-ce pas une boisson à contempler ?

Le nez

Quelques amoureux du vin et des alcools pensent que les single malts sont remarquables entre tous pour la franchise de leur arôme. Ils soutiennent que, pour les malts, le nez donne une juste indication de ce que la bouche confirmera. Je ne suis pas d'accord. Selon ma propre expérience, ce que l'on perçoit par le nez peut se déplacer vers le fond du palais, puis réapparaître dans la finale.

Le corps

Selon l'occasion, vous souhaiterez boire un malt plus léger ou plus consistant, mais le corps ou la texture (que l'on appelle quelquefois le « sentiment de la bouche ») sont des critères distincts dans le caractère d'ensemble de chaque malt.

La bouche

Dans le plaisir qu'apporte toute boisson complexe, chaque gorgée est la découverte de nuances nouvelles, et même une gorgée unique dévoilera progressivement toutes ses richesses, parce que les différentes parties de la bouche ne s'honorent pas des mêmes papilles gustatives. C'est là quelque chose de particulièrement vrai pour les single malts. Certains ont un développement de bouche considérable. Un dégustateur confronté à un malt qui ne lui est pas familier peut revenir dessus plusieurs fois en quelques jours, à la recherche de son caractère profond. C'est la technique que j'ai adoptée dans mes dégustations pour ce livre.

La finale

Pour toutes les boissons alcooliques, la finale constitue un aspect fondamental. Dans quelques-unes, dont beaucoup de single malts font partie, c'est plus qu'un arrière-goût, quelle que soit son importance. Il s'agit en fait d'un véritable crescendo que suit une série d'échos.

La note

Le système de notation que j'utilise dans les pages qui suivent est destiné à donner une indication sur le niveau des malts. Chacun d'eux est noté sur 100. Une note dans les 50 correspond à un whisky manquant d'équilibre ou de caractère et qui, pour tout dire, n'aurait jamais dû être embouteillé en single malt. Une note entre 60 et 70 définit un malt agréable, mais sans rien d'exceptionnel. Tous les whiskies notés au-dessus de 70, et surtout de 75, méritent d'être goûtés. Au-dessus de 80, il s'agit d'un breuvage exceptionnel et remarquable. Au-dessus de 90, on est au paradis.

ABERFELDY

Producteur United Distillers
Région Highlands **District** Midlands

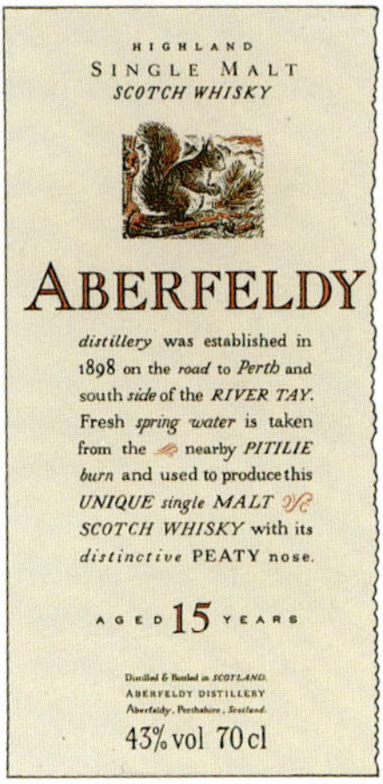

LES AMATEURS DES MALTS DE DEWAR reconnaîtront sa griffe. L'eau dure dégringole des roches volcaniques, des trapps, mouchetée de fer et d'or, et coule à travers les pins, les épicéas, les bouleaux et les fougères. Les alambics, menés lentement, donnent un alcool franc et fort. Depuis Aberfeldy, actif bourg de vacances du massif des Grampian, la belle distillerie, datant de 1896 et agrandie dans les années 60 et 70, domine la vallée de la Tay, où prospère la framboise.

Style Ferme, huileux, fruité. Digestif, ou à la veillée.

ABERFELDY 15 ans d'âge, 43 % vol., Flora and Fauna

Couleur Ambre.

Nez Huile, encens, bruyère, notes légères de pin et de tourbe.

Corps Assez plein.

Bouche Saveurs très pleines. Goût de tourbe assez léger, d'orge. Frais et franc. Notes d'orange de Séville. Arrondi.

Finale D'abord doux puis fruité, puis sec et ferme.

NOTE 77

Autres versions d'Aberfeldy

Les versions de Connoisseurs Choice de Gordon et MacPhail ont moins le caractère de la distillation et sont plus marquées par le sherry. Un 1970 a été remplacé par un 74 plus malté, et maintenant par un délicieux 75 qui semble plus riche et plus corpulent. NOTE 76.

ABERLOUR

Producteur Pernod-Ricard
Région Highlands **District** Speyside

Le village d'Aberlour se trouve au cœur du Speyside, haut lieu d'élaboration des malts. La distillerie homonyme est attestée dès 1826, mais elle est sans doute plus ancienne. Elle a été agrandie en 1945, lorsqu'elle a été rachetée par Campbell Distillers, maintenant propriété de Pernod-Ricard.

Dans ce lieu, l'habitat date du XVIIe siècle : saint Dunstan y baptisait les convertis à une source. L'eau, douce, coule dans les roches granitiques du Ben Rinnes. La tourbe de l'Aberdeenshire est employée avec mesure. Entre 25 à 50 % de l'alcool est vieilli dans des barriques de sherry, le reste dans des fûts de bourbon, et le tout est ensuite assemblé. Aberlour a inauguré la vente du whisky en primeur, et s'est assuré la collaboration de l'artiste autrichien Georg Riedel, qui a conçu une bouteille spéciale pour les single malts.

Style Souple, assez lourd ou lourd, arômes de noisette, d'épice (noix muscade ?), note franche de sherry. Digestif.

ABERLOUR 10 ans d'âge, 40 % vol.

Couleur Ambre.

Nez Plein. Malt, épices, bonbon au caramel (toffee).

Corps Étonnamment souple et velouté. Assez plein.

Bouche Il tapisse la bouche, avec des arômes et des saveurs très persistants. Notes sèches (de gâteau sec), douceur du malt, menthe, muscade et petits fruits.

Finale Très long, velouté, aromatique, franc.

NOTE 83

ABERLOUR ANTIQUE, sans indication d'âge, 43 % vol.

Couleur Ambre.

Nez Plus profond, plus influencé par le sherry.

Corps Plus ferme.

Bouche Plus sec. Épicé. Notes de caramel (toffee), de gâteau sec.

Finale Plus robuste et épicé, avec des nuances de tourbe.

NOTE 84

ABERLOUR, sans indication d'âge, 57 % vol. (100 proof)

Couleur Ambre.

Nez Nuance de chêne.

Corps Plus friand et mâcheux.

Bouche Sec et huileux, beaucoup plus épicé. Note de caramel onctueux (butterscotch). Avec une goutte d'eau, il s'ouvre énormément.

Finale Corpulent, ferme, sec.

NOTE 84

ABERLOUR 1970, 43 % vol.

Couleur Ambre.

Nez Évolué, complexe ; de la finesse.

Corps Ferme, velouté.

Bouche Joli bouquet d'arômes et de saveurs. La sève du chêne semble réveiller une certaine douceur maltée.

Finale Velouté, complexe, nuance de chêne, très longue.

NOTE 85

ALLT-Á-BHAINNE

Producteur Seagram/Chivas
Région Highlands **District** Speyside (Fiddich)

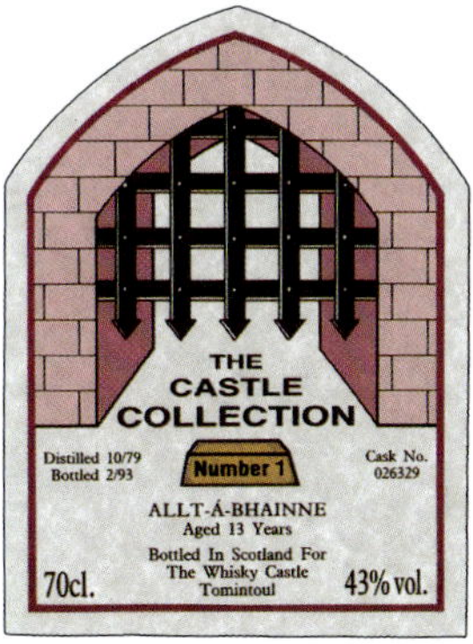

En gaélique, *Allt-á-Bhainne* signifie « le lait brûlé » ; la distillerie, récente, se trouve à l'ouest de la Fiddich, au pied des collines de Benrinnes, près de Dufftown. C'est un beau bâtiment couvert de tuiles ; elle a été construite pour fournir en malt le blend Chivas Regal, et elle a été agrandie en 1989. Si, dès le début, Chivas avait décidé de réserver une partie de la production pour un single malt, les premiers fûts seraient arrivés à maturité à la fin des années 80. Tel n'a pas été le cas ; cependant, dès le début de la présente décennie, des embouteilleurs indépendants ont diffusé des versions issues des fûts cédés aux courtiers et aux blenders.

Style Parfumé (fleurs séchées ?), léger. Apéritif.

ALLT-Á-BHAINNE The Castle Collection, 13 ans d'âge, 43 % vol.

Couleur Or pâle.

Nez Touche de tourbe. Doux et floral, devenant un peu poisseux.

Corps Léger mais ferme.

Bouche Léger et doux en attaque, un peu doucereux, mais il développe des notes de fleur et d'épice.

Finale Léger, épicé et floral, agréable.

NOTE 73

Autres versions d'Allt-á-Bhainne

Un 12 ans d'âge de James MacArthur semble un peu plus corpulent – sans doute l'influence du fût ! NOTE 74.
Un 1980 diffusé par Oddbins en 1992 m'a paru marqué par le sherry, et peut-être un peu trop dominé par le caractère séveux du chêne. NOTE 73.

ARDBEG

Producteur Allied Distillers
Région Islay **District** South shore

LE GOÛT DE TERROIR des Ardbeg, leurs bouffées de fumée de tourbe, de feu de feuilles et de goudron en font les plus traditionnels des « whiskies des îles ». La distillerie date, croit-on, de 1794 ; en tout cas, elle était en production dès 1817. Le caractère des malts devait beaucoup, autrefois, au maltage, qui était effectué sans ventilation, pour que la fumée de la tourbe pénètre très profondément les grains. On peut encore trouver un 10 ans d'âge distillé en 1983, mais la distillerie a ensuite cessé son activité jusqu'en 1989. Elle a rouvert, mais sans reprendre le maltage. Lorsque le whisky de cette nouvelle période sera diffusé, il n'aura sans doute pas, au début, d'indication d'âge. Et il n'est pas certain qu'il ait le solide caractère d'autrefois.

Style Robuste. Terre, fumée et sel. Un malt pour la veillée.

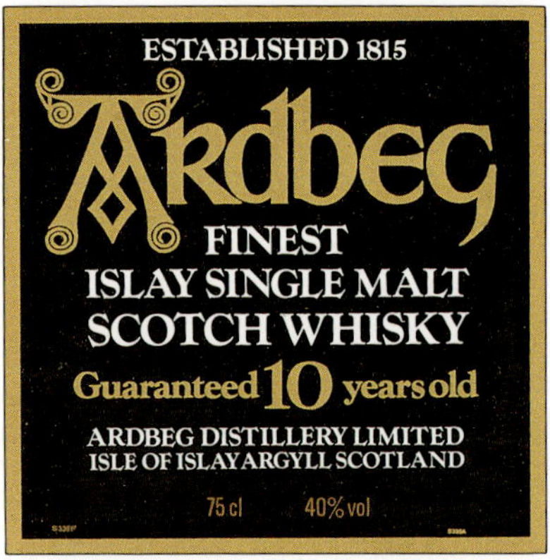

ARDBEG 10 ans d'âge, 40 % vol.

Couleur Fino sherry.

Nez Fumé et sec ; eau de mer et iode.

Corps Seulement relativement plein, mais très ferme. Un poids lourd-léger ayant le punch des lourds.

Bouche Doux et vif en attaque, il est ombrageux et agressif, et lent à se développer, en milieu de bouche.

Finale Puissant ; beaucoup d'iode.

NOTE 85

ARDBEG 18 ans d'âge, 43 % vol., Master of Malt

Couleur Or.

Nez Parfumé. Algue, avec une touche de chêne.

Corps Relativement plein, velouté.

Bouche D'abord doux, puis le sel et l'algue dominent.

Finale Balsamique, long, délicieux.

NOTE 90

ARDBEG 18 ans d'âge, 58,1 % vol., Cadenhead

Couleur Or pâle.

Nez Aigre-doux ; algue marine.

Corps Relativement plein ; légère viscosité.

Bouche D'abord doux et malté, il libère ensuite des notes d'algue comestible et de sel intense.

Finale Marée de sel, agressif.

NOTE 91

ARDBEG 1974, 40 % vol., Connoisseurs Choice

Couleur Entre or soutenu et ambre clair.

Nez Algue, chêne.

Corps Relativement plein, velouté.

Bouche Chêne, sève et fumée ; doux ; touches légères d'algue et de sel.

Finale Parfumé, dominante de chêne.

NOTE 88

Autres versions d'Ardbeg

A l'heure actuelle, on trouve de nombreuses versions qui diffèrent par l'âge et le degré d'alcool, chez des embouteilleurs indépendants. La Scotch Malt Whisky Society en propose d'autres, intéressantes, de même que certains commerçants.

ARDMORE

Producteur Allied Distillers
Région Highlands **District** Speyside (Bogie)

LE CARACTÈRE MALTÉ assez fréquent des blends de Teacher est dû à ce whisky. La distillerie se trouve dans l'extrême est du Speyside, entre la Bogie, la forêt de Clashindarroch et les contreforts des monts Grampian. Elle a été construite en 1898 par Teacher ; bien qu'elle ait été agrandie depuis, on y voit toujours la machine à vapeur et les alambics au charbon. Les propriétaires autorisent Gordon and MacPhail à embouteiller, et on trouve d'autres versions chez des indépendants.

Style Malté, crémeux, robuste. Digestif.

ARDMORE 1977, 40 % vol., Gordon and MacPhail

Couleur Or soutenu, teinté d'ambre.

Nez Sherry, crème, céréale.

Corps Huileux, velouté.

Bouche Les notes douces et sèches, les nuances de céréale et le fruité se mêlent étroitement. Poire à la crème, avec douceur du sherry.

Finale Céréales ; sec et malté.

NOTE 70

ARDMORE 12 ans d'âge, 56,2 % vol., James MacArthur

Couleur Or soutenu, brillant.

Nez Fruité et doux, malté, légèrement spiritueux, puissant.

Corps Doux, huileux ; il s'assèche en finale.

Bouche Très doux, malté. Cèdre et note de groseillier à fleurs.

Finale Plus souple, sec ; avec une bouffée de chaleur pour terminer.

NOTE 67

AUCHENTOSHAN

Producteur Morrison Bowmore
Région Lowlands **District** Western Lowlands

Ces malts des Lowlands, où l'on effectue la triple distillation traditionnelle, sont désormais reconnus comme de vrais classiques. Ils sont certes légers, mais c'est le style de la région... et ça ne veut pas dire qu'ils manquent de caractère. A leur manière – douce ! –, ils ont bien tout du single malt, et ils sont très complexes. Quand on aime le bon single malt sans chercher l'intensité, l'Auchentoshan séduit par sa subtilité, même si les sonorités gutturales de son nom n'y préparent guère ! La distillerie se trouve à l'entrée de Glasgow, dans un creux entre la Clyde et les hauteurs de Kilpatrick. Elle a été bâtie vers 1800, et reconstruite après la Seconde Guerre mondiale. Le matériel a été renouvelé en 1974. Une décennie plus tard, elle a été achetée par la Stanley P. Morrison, qui cherchait, dans les Lowlands, une sœur à ses distilleries d'Islay et des Highlands : Bowmore et Glen Garioch. Aujourd'hui, la compagnie s'appelle Morrison Bowmore, et le Japonais Suntory y tient une part tout à fait minoritaire.

Style Léger, huileux ; notes de citron. Apéritif ou cordial.

AUCHENTOSHAN, **sans indication d'âge, 40 % vol.**

Couleur Or nuancé de vert.

Nez Huileux, avec une touche de zeste de citron.

Corps Léger, mais avec une sensation huileuse en bouche.

Bouche Notes de citronnelle. Doux, sans rien de poisseux.

Finale Léger, friand, assez bref.

NOTE 79

AUCHENTOSHAN 10 ans d'âge, 40 % vol.

Couleur Or brillant, nuancé de verdâtre.

Nez Cuir de sellerie, huile de lin, zeste de citron.

Corps Souple, huileux.

Bouche Citronnelle, zeste de citron et autres notes d'agrumes. Doux, sans rien de poisseux.

Finale Notes de gingembre ; friand. Il s'assèche. Assez chaleureux.

NOTE 85

AUCHENTOSHAN 21 ans d'âge, 40 % vol.

Couleur Or soutenu et profond.

Nez Zeste d'orange, datte confite, cèdre, huile.

Corps Relativement léger ; huileux et vraiment très velouté.

Bouche Notes d'huile, de citron, de peau d'orange ; légèrement épicé. Beau développement des saveurs ; beaucoup de subtilité. Le chêne est plus présent que chez les précédents. Frais ; les notes boisées ne l'alourdissent pas.

Finale Cèdre, vanille ; beaucoup de rondeur et d'arômes.

NOTE 86

Autres versions d'Auchentoshan

L'Auchentoshan 12 ans d'âge, de 40 % vol., est plus rond que le 10 ans d'âge, avec un bel équilibre entre fraîcheur et maturité. NOTE 86. Un 18 ans d'âge, de 43 % vol., est plus plein, avec une belle touche de graine de lin et une remarquable profondeur. NOTE 86. Le 1966, de 40 % vol., a lui aussi des notes de graine de lin, mais il est un peu plus sec, et il déploie une belle palette de saveurs. NOTE 86.

AULTMORE

Producteur United Distillers
Région Highlands **District** Speyside (Isla)

Un style boisé et nuancé par la finesse du malt caractérise, semble-t-il, les whiskies élaborés sur les rives de l'Isla. La distillerie est au nord de la ville de Keith ; elle date de 1886 et a été reconstruite en 1971. Ce malt entre dans les Dewar et dans les blends de Robert Harvey. Depuis quelques années, on trouve des Aultmore portant la mention « Proprietors John and Robert Harvey and Co ». En 1991, une compagnie associée, United Distillers, a embouteillé avec une étiquette de sa série « Flora and Fauna ». Ces deux malts, des 12 ans d'âge, sont très proches, mais le premier semble plus sec. L'Aultmore est peut-être meilleur en apéritif, bien que les avis divergent. Comme un fino sherry corpulent, il a le caractère d'un apéritif, mais il est assez « costaud ».

Style Sec, herbacé, épicé, marqué par le chêne. Apéritif.

AULTMORE 12 ans d'âge, 40 % vol.

Couleur Très pâle.

Nez Bouquet énorme, frais, chaud ; sec et parfumé.

Corps Ferme.

Bouche Léger et fruité, nuances de gentiane ou de quinine.

Finale Friand, très sec.

NOTE 75

AULTMORE 12 ans d'âge, 43 % vol., Flora and Fauna

Couleur Très pâle.

Nez Floral, frais ; sec et parfumé.

Corps Assez plein, ferme.

Bouche Doux, délicat, fruité et parfumé en attaque, il développe un caractère sec et floral.

Finale Délicat, sec, absolument délicieux.

NOTE 75

AULTMORE 13 ans d'âge, 46 % vol., Cadenhead

Couleur Doré et pâle.

Nez Plus sec, avec une touche de fumée.

Corps Ferme

Bouche Sec, floral et éloquent.

Finale Très sec.

NOTE 75

BALBLAIR

Producteur Allied Distillers
Région Highlands **District** Northern Highlands

LE CARACTÈRE SEC ET ÉPICÉ des malts des Highlands du Nord est bien présent, mais *mezza voce*, dans les différentes versions du Balblair, élaborées à partir des ruisseaux qui serpentent sur la tourbe friable du terroir. Les eaux coulent du Ben Dearg pour se déverser dans le Carron, puis dans l'estuaire du Dornoch et dans la mer. A Edderton, à deux pas de cette embouchure, un ru, près de la distillerie, passe dans des basses terres tourbeuses, au milieu des moutons… puis directement dans le whisky ! Ici, on brasse et on distille, dit-on, depuis le milieu du XVIIIe siècle. La distillerie a été construite en 1790, et les bâtiments actuels datent de 1870. Le Balblair entre dans les blends de Ballantine. Allied autorise Gordon and MacPhail à l'embouteiller en single malt.

Style Léger, ferme, sec. Apéritif.

BALBLAIR 5 ans d'âge, 40 % vol.
On considère que le Balblair arrive rapidement à maturité, mais le 5 ans d'âge est un peu jeune pour certains amateurs de malts. Néanmoins, il est très apprécié sur le marché italien.

Couleur Vin blanc.

Nez Frais, légèrement dur ; dominé par la poire.

Corps Léger.

Bouche Épicé (clou de girofle).

Finale De la longueur – mais pas assez !

NOTE 70

BALBLAIR 10 ans d'âge, 40 % vol., Gordon and MacPhail

Couleur Plus saturé que le 5 ans d'âge.

Nez Le fruit s'est fait plus souple et plus parfumé.

Corps Davantage de texture.

Bouche Des notes de framboise, fraîches et âpres, s'adoucissent.

Finale Nettement plus long. Il s'assèche sur une touche d'olive.

NOTE 76

BALBLAIR 1964, 40 % vol., Gordon and MacPhail

Couleur Or.

Nez Plus intense que le 10 ans d'âge.

Corps Léger, velouté.

Bouche Plus doux et plus intense ; une note de sherry fino.

Finale Très sec.

NOTE 76

BALBLAIR 1957, 40 % vol., Gordon and MacPhail

Couleur Or.

Nez Assez boisé ; il s'est beaucoup desséché.

Corps Léger, ferme.

Bouche Plein, sec ; notes de tourbe et d'épice.

Finale Friand et délicieux.

NOTE 74

Les collines sauvages pour l'eau, la tourbe du terroir, la pagode où la fumée sèche l'orge maltée… La distillerie de Balblair, dans son environnement préservé, est une image de l'Écosse traditionnelle.

BALMENACH

Producteur United Distillers
Région Highlands **District** Speyside

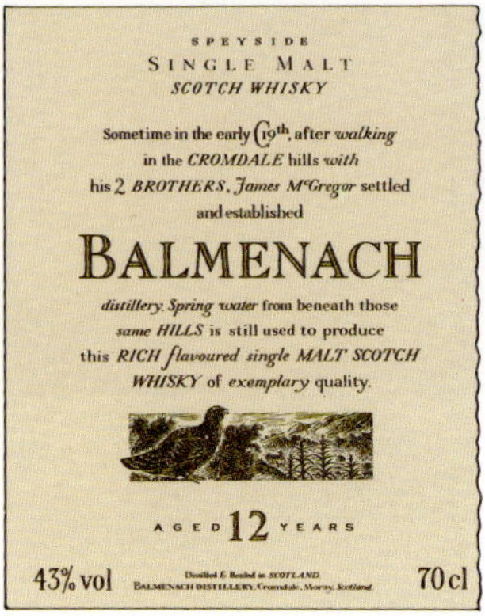

BALMENACH SE NICHE dans un paysage de collines, entre les coteaux de la Spey et de l'Avon. La distillerie, qui date officiellement de 1824, a contribué à de nombreux blends, dont ceux de Crabbie. Le premier embouteillage en single malt date de 1991, mais, deux ans plus tard, United Distillers a annoncé que la distillerie allait cesser son activité.

Style Épanoui, floral, goût de terre. Digestif.

BALMENACH 12 ans d'âge, 40 % vol., Flora and Fauna

Couleur Ambre rouge soutenu.

Nez Énorme et profond. Un net caractère de sherry. Des notes suaves de bruyère.

Corps Assez plein. Souple et exceptionnellement velouté.

Bouche Sec, malgré les notes de sherry. Des arômes en foule : miel, gingembre, fines herbes amères, sève et feuillage.

Finale Arrondi et agréable.

NOTE 77

Autres versions de Balmenach

Le James MacArthur 11 ans d'âge, sans influence de sherry, offre un nez doux et floral et un corps étonnamment sirupeux, avec une dominante assez sèche de malt en bouche. NOTE 79.
Un 12 ans d'âge de Cadenhead est similaire, mais encore plus floral, avec une finale un peu plus rude. NOTE 78.
Un Connoisseurs Choice 1973 révèle moins de sherry que le Balmenach classique, mais son style est proche. NOTE 77.

THE BALVENIE

Producteur William Grant and Sons
Région Highlands **District** Speyside (Dufftown)

C'EST LE VOISIN DE GLENFIDDICH, à Dufftown. La distillerie, fondée en 1892, est la propriété de la même entreprise familiale, mais le style du whisky est fort différent ; elle utilise l'orge de la ferme familiale, elle possède ses aires de maltage, et ses alambics ont la forme d'un bulbe.

En 1993, cette maison a fait une infidélité à sa traditionnelle bouteille en forme de flasque de cognac et a augmenté de deux à trois le nombre de versions officielles de son whisky. L'ancienne bouteille avait pour but de souligner son statut de malt, mais le stratagème n'est peut-être plus nécessaire. Outre le Founder's Reserve, toujours produit, on trouve un Single Barrel Edition et le Double Wood 12 ans d'âge. La maturation de ce dernier est proche de celle d'un Balvenie Classic d'autrefois. Pendant un temps, il y a eu, aussi, un Classic 18 ans d'âge, sans la touche de sherry.

Style Le plus doux et moelleux des malts, avec une note très nette d'orange. Somptueux. Digestif.

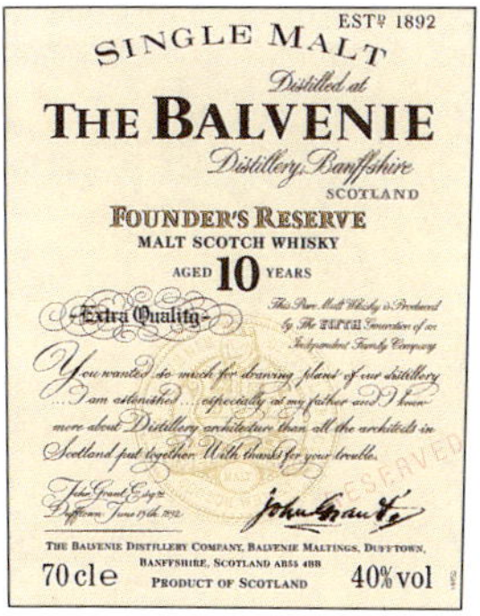

THE BALVENIE FOUNDER'S RESERVE, 10 ans d'âge, 40 % vol.
(90 % de chêne américain, 10 % de sherry.)

Couleur Or brillant.

Nez Arômes d'orange et de miel légèrement musqués.

Corps Assez plein.

Bouche Une douceur suave s'assèche sur des notes légèrement épicées. Juste un doigt de sherry.

Finale Une gerbe de saveurs ; persistance de miel sirupeux.

NOTE 85

THE BALVENIE DOUBLE WOOD, 12 ans d'âge, 40 % vol.
(Fûts de bourbon de premier et deuxième remplissage, puis fûts d'oloroso doux pendant 6 à 12 mois.)

Couleur Ambre.

Nez Sherry et peau d'orange.

Corps Assez plein, riche.

Bouche Joli bouquet de flaveurs ; goût de noisette, de sherry suave et d'orange ; notes épicées de cannelle.

Finale Long, picotant, chaud.

NOTE 87

THE BALVENIE SINGLE BARREL EDITION, 15 ans d'âge, 50,4 % vol.
(Fûts de bourbon de premier remplissage.)

Couleur Or pâle.

Nez Franc, sec ; chêne et cèdre, bruyère et miel.

Corps Ferme.

Bouche Vif. Peau d'orange, douceur et aigreur.

Finale Cannelle, gingembre, poivre.

NOTE 86

BANFF

Producteur United Distillers
Région Highlands **District** Speyside (Deveron)

CETTE PETITE DISTILLERIE a autrefois fourni en whisky la Chambre des communes. Elle porte le nom de son village, sur la côte, à l'ouest de l'estuaire du Deveron. Créée en 1824, reconstruite en 1863 sur un autre site, puis à nouveau en 1877, elle a été touchée par une bombe durant la Seconde Guerre mondiale, et de nombreuses légendes locales courent sur son compte. Mais cette riche histoire ne l'a pas empêchée d'être fermée et démolie par ses propriétaires (la Distillers Company Limited), en 1983. Le whisky était utilisé pour les blends de Slater Rodger. Il n'a jamais été diffusé en single malt, mais il est apparu sous la forme d'embouteillages indépendants.

Style Doux, fumé. Gingembre. Cordial ou digestif.

BANFF 1974, 40 % vol., Connoisseurs Choice

Couleur Soutenu, doré.

Nez Agréables arômes de fumée.

Corps Assez plein.

Bouche Franc, agressif. Notes douces de fumée.

Finale Franc, dominé par le gingembre.

NOTE 66

BEN NEVIS

Producteur Nikka/Ben Nevis Co.
Région Highlands **District** West Highlands

On attendait depuis longtemps les versions officielles de ce malt. Elles sont maintenant disponibles – mais épisodiquement et en quantité limitée. Comme on l'espérait, la distillerie a trouvé quelques bons fûts à embouteiller – bien meilleurs que ceux, fort inégaux, que les indépendants nous avaient fait connaître. La distillerie, près de la ville de Fort William, est juste au pied du Ben Nevis, le plus haut sommet d'Écosse (1 344 m). Si cette montagne n'a pas la même signification pour l'Écosse que le mont Fuji pour le Japon, c'est néanmoins un beau symbole. La distillerie a été créée en 1825 par « Long John » McDonald, qui est à l'origine du célèbre nom de marque Long John, aujourd'hui propriété d'Allied. Comme beaucoup d'autres, elle a connu des hauts et des bas, mais son directeur, Alex Ross, lui a donné une nouvelle jeunesse depuis que les Japonais (Nikka) l'ont achetée. Elle produit un bon whisky, dans la tradition du West Highland.

Style Malté, robuste, un peu fumé. Digestif, ou à la veillée.

BEN NEVIS 1972, 55,6 % vol.

Couleur Or, nuancé d'ambre.

Nez Doux, arômes de cire au début (certains ont évoqué le piment doux), puis de fumée.

Corps Corpulent, ferme.

Bouche Corpulent, très malté. Chocolat et caramel (toffee).

Finale Mâcheux, robuste, tourbé, sec.

NOTE 76

BEN NEVIS 26 ans d'âge, 59 % vol.

Couleur Ambre.

Nez Assez floral, malté, fumé.

Corps Corpulent, arrondi.

Bouche Fumée, malt, sherry, chêne.

Finale Robuste ; notes de chêne.

NOTE 78

BEN NEVIS 15 ans d'âge, 60,9 % vol., Cadenhead

Couleur Or.

Nez Arômes légers de fleur et de fumée.

Corps Épanoui, souple.

Bouche Malté et doux.

Finale Doux, goût fruité d'esters (mandarine ?).

NOTE 69

BENRIACH

Producteur Seagram/Chivas
Région Highlands **District** Speyside (Lossie)

BENRIACH SE TROUVE À CÔTÉ de Longmorn, plus connu, et appartient au même propriétaire, mais il a désormais l'occasion de se faire un nom, car il est embouteillé en single malt depuis 1994. Les deux distilleries ont été construites en 1890, et agrandies dans les années 60 et 70. Toutes deux alimentent le blend Chivas Regal.

Style Il évoque le cookie (gâteau sec), avec une nuance de caramel au beurre (butterscotch). Cordial. Peut-être pour l'après-midi ?

BENRIACH 10 ans d'âge, 43 % vol.

Couleur Or pâle.

Nez Miel et fleur.

Corps Léger, texturé.

Bouche Dominante de céréale, notes légères de cookie en milieu de bouche, et touche de caramel.

Finale Très floral et bien défini.

NOTE 70

Autres versions de Benriach

On trouve le Connoisseurs Choice sous deux millésimes. Le 1982 a une couleur dorée plus soutenue et une douceur parfumée de céréale. NOTE 75. La couleur du 1976 est encore plus soutenue, et la bouche est dense et huileuse, avec une touche de fumée. NOTE 76.

BENRINNES

Producteur United Distillers
Région Highlands **District** Speyside

Le Ben Rinnes (840 m) est le point culminant du cœur montagneux du Speyside. Il a donné son nom à cette distillerie, sans doute créée vers 1820, et en grande partie reconstruite dans les années 50. Elle a longtemps été associée aux blends de Crawford. Son malt, élaboré par une distillation triple partielle, originale, a été officiellement embouteillé pour la première fois en 1991.

Style Corpulent, crémeux, riche en saveurs.
Cordial ou digestif.

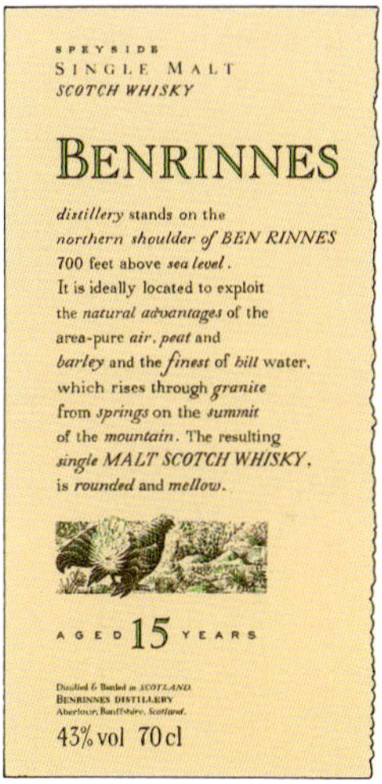

BENRINNES 15 ans d'âge, 43 % vol., Flora and Fauna

Couleur Brun rougeoyant et automnal.

Nez Lourd, presque crémeux. Une bouffée de sherry, puis une solide dominante de fumée, de toffee et de brûlé.

Corps Assez plein ou plein, ferme.

Bouche Sec, franc, arrondi. Les arômes s'ouvrent graduellement. Nuances de réglisse, d'anis, de vanille, de chocolat amer et de fumée.

Finale Agréable, velouté. Nuances discrètes et douces de fumée.

NOTE 79

BENRINNES 19 ans d'âge, 50,2 % vol., Cadenhead

Couleur Brun doré.

Nez Lourd, crémeux, huileux, notes d'ardoise.

Corps Assez souple ou souple, velouté.

Bouche Ferme, complexe. Huileux et crémeux.

Finale Plus sec. Goût de réglisse et de racine. Long.

NOTE 79

BENRINNES 1969, 40 % vol., Connoisseurs Choice

Couleur Ambre.

Nez Épanoui, floral et crémeux.

Corps Assez plein, ferme et velouté.

Bouche Léger mais crémeux ; arômes de caramel.

Finale Robuste et sec, légèrement fumé.

NOTE 78

BENROMACH

Producteur United Distillers
Région Highlands **District** Speyside (Findhorn)

CE MALT EST DÉLICIEUX, mais la distillerie a cessé sa production depuis 1983. Benromach se trouve à Forres, près de l'embouchure du Findhorn. Elle a été construite en 1898, et, malgré une remise à neuf, on l'a estimée trop vieille et trop petite pour la laisser vivre. Le whisky, comme single malt, n'est disponible que chez des embouteilleurs indépendants.

Style Corpulent, floral, traditionnel. Digestif.

BENROMACH 1971, 40 % vol., Connoisseurs Choice

Couleur Ambre.

Nez Corpulent, floral, marqué par le sherry.

Corps Assez plein ou plein, crémeux.

Bouche Malté, arrondi, mais masqué par le sherry et le chêne.

Finale Sève et chêne ; légèrement fumé.

NOTE 77

Autres versions de Benromach

Cadenhead a embouteillé un 27 et un 28 ans d'âge. Le plus jeune, mais marqué par le sherry, laisse voir davantage le caractère fleuri du malt, mais il est trop boisé. NOTE 76. Le plus vieux est bien équilibré, mais il est encore plus marqué par le bois. NOTE 76.

BLADNOCH

Producteur United Distillers
Région Lowlands **District** Borders

LE WHISKY DE LA PLUS MÉRIDIONALE des distilleries d'Écosse a bien le caractère d'un malt des Lowlands. Il est produit près de Wigtown, dans le Galloway, au bord du Bladnoch, dans un terroir où l'on a un accent fort proche de celui de l'Irlande du Nord. Et il n'y a pas d'autre distillerie à proximité. La contrée est rurale et le climat assez clément. Bladnoch a été fondée entre 1817 et 1825, dans une ferme ; on utilisait l'orge produite dans les collines alentour. Le whisky n'a jamais eu la considération qu'il mérite, et la distillerie est passée par bien des mains ; elle a interrompu son activité en 1993.

Style Souple ; dominante d'herbe fraîche et de citron. Peut-être un malt pour le dessert.

BLADNOCH 8 ans d'âge, 40 % vol.
Cette version légère mais très caractéristique a été embouteillée du temps où Bell était propriétaire de la distillerie. On peut encore la trouver.

Couleur Jaune pâle.

Nez L'herbe fraîche et le citron dominent d'entrée.

Corps Très léger, mais ferme.

Bouche Les saveurs semblent d'abord délicates, mais elles s'affermissent et se révèlent étonnamment pleines.

Finale Une dominante de citron s'impose dans une finale remarquablement musclée pour un malt léger des Lowlands.

NOTE 85

BLADNOCH 10 ans d'âge, 43 % vol., Flora and Fauna

Couleur Ambre.

Nez Beaucoup de fruit, du citron, une pointe de sherry.

Corps Assez plein et ferme.

Bouche Beau développement des saveurs : d'abord le sherry, puis le goût végétal des céréales, et enfin les fleurs, le fruit, le citron.

Finale Étonnamment corpulent et long.

NOTE 85

BLADNOCH 1984, 40 % vol., Connoisseurs Choice

Couleur Or profond.

Nez Miel et citron.

Corps Souple, fondant.

Bouche Citron et toffee.

Finale Velouté, avec une touche de toffee.

NOTE 86

BLADNOCH 28 ans d'âge, 42,5 % vol., Cadenhead

Couleur Or foncé.

Nez Herbe fraîche, citron.

Corps Souple, arrondi.

Bouche Arrondi, malté, note d'acide citrique ; un peu herbacé.

Finale Zeste d'orange et de citron.

NOTE 85

Autres versions de Bladnoch

Pour un malt léger, le Bladnoch vieillit fort bien. Même un 30 ans d'âge (également de Cadenhead) révèle davantage le caractère du whisky que le goût du bois.

BLAIR ATHOL

Producteur United Distillers
Région Highlands **District** Midlands

LE VILLAGE S'ÉCRIT avec deux *l*, Atholl, mais la distillerie se singularise avec un seul. L'un et l'autre sont sur la route du whisky, entre Speyside et Perth. Pitlochry, connu pour son festival de théâtre, est à deux pas. La distillerie est attestée depuis 1798, et elle a été agrandie dans les années 70.

Style Il évoque le sablé au gingembre (shortbread) que l'on mange en Écosse. Un malt pour l'après-midi ?

BLAIR ATHOL 8 ans d'âge, 40 % vol.

Couleur Or pâle.

Nez Frais et très franc, avec une pointe de gingembre.

Corps Léger ou assez plein.

Bouche Sec en attaque. Aromatique. Notes de caramel et de gingembre.

Finale Un peu plus de gingembre. Velouté et arrondi.

NOTE 75

BLAIR ATHOL 12 ans d'âge, 43 % vol.

Couleur Bronze.

Nez Encore très frais ; note de sherry, de sablé au gingembre.

Corps Assez plein.

Bouche Sec ; arômes de sherry, de gingembre et de fruit.

Finale Velouté, arrondi, chaud.

NOTE 76

BOWMORE

Producteur Morrison Bowmore
Région Islay **District** Loch indaal

BOWMORE EST L'UNE DES GRANDES distilleries de malt. Fondée en 1779, elle se trouve dans le village du même nom, « capitale » de l'île d'Islay et situé en son centre, sur la baie protégée que l'on appelle Loch Indaal. Pour la géographie comme pour la bouche, les whiskies sont à mi-chemin entre les malts intenses de la côte Sud et ceux du Nord, plus légers. Leur caractère n'a toutefois rien d'un compromis ; c'est plutôt une énigme, et les dégustateurs ont perdu leur latin à essayer d'en démêler la complexité. L'eau de distillation dégringole de roches colorées par le fer, et coule ensuite, sur une terre tourbeuse, dans une rivière, la Laggan, parmi les mousses, les fougères et les joncs. Si la tourbe des hauteurs de l'île est riche en racines, celle de Bowmore est sableuse. La compagnie a ses propres planchers de séchage, où la tourbe est effritée avant d'être enflammée, pour donner plus de fumée. Le séchage à la tourbe est plus court que pour les whiskies plus intenses de l'île. Environ 30 % du whisky est vieilli en fûts de sherry. La distillerie est exposée aux vents d'ouest, et il y a peut-être beaucoup d'ozone dans la gamme des arômes et des saveurs.

Style Fumé ; notes végétales (fougère ?) ; air marin. En apéritif quand il est jeune, en digestif à maturité.

Dans cette énorme cuve de cuivre, l'orge maltée à Bowmore et l'eau tourbeuse d'Islay se rencontrent, au cours du processus d'élaboration.

BOWMORE 10 ans d'âge, 40 % vol.

Couleur Ambre.

Nez Nuance de sherry, pointe de sel, arômes épicés, lavande, bruyère.

Corps Léger ou assez plein.

Bouche L'attaque est douce, puis dominent les épices et la bruyère. Nuance de fumée.

Finale Agréable. Long et prolongé, salé. Délicieux apéritif.

NOTE 82

BOWMORE 12 ans d'âge, 43 % vol.

Couleur Ambre.

Nez Plus de sel, d'algue et de fumée que dans le 10 ans d'âge.

Corps Léger. Un peu sirupeux.

Bouche Persistante douceur de sherry. Épices, bruyère, algue, sel. De la complexité, et des saveurs qui se développent.

Finale Remarquablement long et salé.

NOTE 87

BOWMORE BICENTENARY
(15 ans d'âge, mais sans millésime), 43 % vol.

Couleur Ambre.

Nez Beaucoup de groseillier à fleurs (trop pour l'équilibre ?).

Corps Légèrement huileux.

Bouche Davantage marqué par le sherry. Bruyère, algue.

Finale Très long.

NOTE 87

BOWMORE 21 ans d'âge (1972), 43 % vol.

Couleur Or soutenu, teinté d'ambre.

Nez Gros bouquet d'arômes. Touche de sherry, pointe de chêne, beaucoup de fumée, de bruyère et de fleur, et une brassée d'algues salées.

Corps Assez plein ou plein, souple.

Bouche De la douceur en attaque, avec des notes de sherry et de pâte d'amande, puis huileux et salé. Belle complexité d'un whisky superbement équilibré.

Finale Bruyère, beaucoup d'arômes, long et chaleureux.

NOTE 90

BOWMORE 25 ans d'âge (1968), 43 % vol.

Couleur Or soutenu, teinté d'ambre.

Nez Bel équilibre parfumé de la douceur du sherry, de la lavande et du sel.

Corps Assez plein ou plein, velouté.

Bouche Sherry, touche de chêne, pâte d'amande, bruyère, lavande, algue et sel.

Finale Marqué par le sherry et velouté, puis salé.

NOTE 89

BOWMORE 29 ans d'âge, 49,4 % vol., Cadenhead

Couleur Or pâle.

Nez Sec, légèrement phénolique.

Corps Assez plein.

Bouche Douceur et feuillage, puis notes herbacées.

Finale Salé.

NOTE 80

BOWMORE, 30 ans d'âge, 50 % vol.

Il porte la mention « Anniversary », parce qu'il a été distillé l'année où la famille Morrison a acheté la distillerie.

Couleur Or profond, nuancé de vert.

Nez Légèrement phénolique, huileux, sec.

Corps Assez plein, souple.

Bouche La nuance de sherry est assez modérée. Huileux, notes de terre, de fumée et surtout de feuillage.

Finale Fumé, herbacé ; long.

NOTE 88

BOWMORE LEGEND, sans indication d'âge, 40 % vol.

Version légère, jeune (5 à 8 ans ?), à prix intéressant.

Couleur Or soutenu.

Nez Fumée et tourbe. Très séduisant.

Corps Léger, mais texturé.

Bouche Ferme ; une touche de fer ; feuillage, fougère et tourbe. Notes douces de terre. Les arômes sont singuliers et pas encore fondus. Whisky frais, jeune, mais sans beaucoup de vigueur.

Finale Doux, puis salé.

NOTE 80

BLACK BOWMORE 1964, 50 % vol.

Malt rare et très original.

Couleur Étonnamment foncé. Brun rougeâtre, nuancé d'olive noire.

Nez Beaucoup de sherry. Chêne (modéré). Terre, fumée, médecine.

Corps Assez plein, ferme.

Bouche Notes de sherry très douces ; chêne, terreau, tourbe. Étonnamment floral pour un whisky si influencé par le sherry. Doux et sec. D'une complexité sans fond avec un peu d'eau.

Finale Sirop pour la toux. Réglisse. Très ample et très long.

NOTE 90

BRACKLA

Producteur United Distillers
Région Highlands **District** Speyside (Findhorn Valley)

UN MALT MAJESTUEUX. La distillerie se trouve à Cawdor, à deux pas de Nairn, entre l'estuaire du Moray et la rivière Findhorn. Fondée en 1812, elle s'est attribué le titre de « Royal Brackla » en 1835, parce que le roi Guillaume IV appréciait son whisky. Reconstruite en 1898, puis en 1966, elle a été agrandie en 1970, fermée en 1985, et rouverte en 1991. Un embouteillage Flora and Fauna a été effectué en 1993-1994.

Style Fruité, brûlé. Digestif.

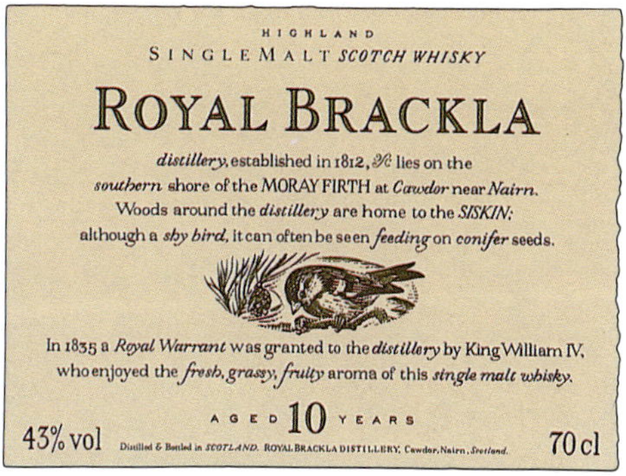

ROYAL BRACKLA 10 ans d'âge, 43 % vol., Flora and Fauna

Couleur Or pâle

Nez Fumé, brûlé, mélasse ; légèrement soufré.

Corps Assez ample, s'asséchant sur la langue.

Bouche D'abord malté et doux, il s'affirme sérieusement fruité (melon ? raisin ?) et évolue vers des notes épicées.

Finale Cèdre, fumée.

NOTE 74

ROYAL BRACKLA 1970, 40 % vol., Connoisseurs Choice

Malgré sa grande douceur, ce malt se laisse boire très facilement après le repas. Les ingrédients classiques, fumée de tourbe et malt, sont harmonieusement équilibrés.

Couleur Vieil or.

Nez Corpulent ; arômes de fumée et notes maltées – presque une nuance de mélasse.

Corps Assez plein ou plein.

Bouche Extraordinairement velouté, malté et mâcheux. Il développe une douceur intense, et se montre fruité (raisin sec ?) et parfumé.

Finale Très sec ; cèdre, coffret à cigares.

NOTE 77

ROYAL BRACKLA 23 ans d'âge, 46 % vol., Cadenhead

Couleur Or brillant.

Nez Malté et doux ; notes fumées sous-jacentes.

Corps D'abord souple, il s'assèche légèrement sur la langue.

Bouche Doux, parfumé.

Finale Sec, chaleureux, très long.

NOTE 76

BRAES OF GLENLIVET

Producteur Seagram/Chivas
Région Highlands **District** Speyside (Livet)

BRAE EST UN MOT DU DIALECTE ÉCOSSAIS signifiant « flanc de coteau ». Cette distillerie, la plus haute du district, se trouve sur un contrefort, au bord d'un ruisseau torrentueux et caillouteux qui va se jeter dans la Livet. Le lieu est isolé, non loin du hameau de Chapeltown, et on dit qu'il a servi de refuge à des réfractaires lors des conflits religieux. Il y avait là, depuis longtemps, une distillerie portant ce nom ; cependant, celle-ci a été bâtie très récemment, en 1973-1974, et a été agrandie en 1975 et en 1978. Dotée de jolies fenêtres à petits carreaux et surmontée d'une élégante pagode, elle ressemble plus à un temple qu'à une distillerie. Le whisky entre dans le blend Chivas Regal et n'a pas, jusqu'ici, été embouteillé en single malt, mais il va sans doute être diffusé, tôt ou tard, par des indépendants.

Style Léger, doux, onctueux. Apéritif.

BRAES OF GLENLIVET 1979, **degré éprouvé**

Couleur Or nuancé de vert et brillant.

Nez Léger ; miel et fleur.

Corps Léger, souple, avec une touche de viscosité.

Bouche Léger, onctueux, superbement doux, franc et long.

Finale Note sèche de peau d'orange, puis zeste prolongé.

NOTE 74

La belle distillerie de Braes of Glenlivet, moderne, évoque néanmoins le passé par son heureuse architecture ; elle a été construite en 1973.

BRUICHLADDICH

Producteur Invergordon
Région Islay **District** Loch Indaal

BON SINGLE MALT qui vous attend près du débarcadère, quand vous arrivez à Islay ! Bruichladdich se trouve sur la côte nord du Loch Indaal, en face de Bowmore, et elle puise dans un ruisseau, qui dévale la colline et coule sur la tourbe, une eau un peu moins tourbeuse que celle d'autres distilleries de l'île. Les vieux alambics à long col produisent un alcool assez léger et franc. Si les autres distilleries donnent directement sur la mer, celle-ci en est séparée par une paisible petite route côtière. Fondée en 1881, elle a été reconstruite en 1886, et demeure presque inchangée malgré l'agrandissement de 1975. C'est la distillerie la plus à l'ouest d'Écosse.

Style Léger ou assez plein, ferme, salé.
Très coulant. Apéritif.

BRUICHLADDICH 10 ans d'âge, 40 % vol.

Couleur Or pâle

Nez Très floral ; notes de bruyère et d'algue ; généreusement salé.

Corps Relativement léger, velouté et ferme.

Bouche Ferme et sec en attaque, avec une nuance de fer. Légèrement huileux, avec un soupçon de tourbe. Il devient plus malté et plus doux, avec des notes de bruyère. Une certaine vivacité.

Finale Long, avec une belle gamme de saveurs subtiles.

NOTE 77

BRUICHLADDICH 15 ans d'âge, 40 % vol.

Couleur Vieil or.

Nez Intense. Plus sec ; fleur, algue et sel.

Corps Ferme, velouté, légèrement huileux.

Bouche Fleur, algue et sel. Les saveurs sont joliment fondues et arrondies. C'est un malt coulant, mais de très bon niveau. Il a bien bénéficié des cinq ans supplémentaires.

Finale Long, chaleureux, salé.

NOTE 78

BRUICHLADDICH 21 ans d'âge, 43 % vol.

Couleur Or soutenu

Nez Intense, complexe, séduisant.

Corps Assez plein, très ferme.

Bouche Les arômes sont plus intenses. Ample et malté en milieu de bouche, il s'affirme ensuite puissamment salé. Pour un whisky au caractère relativement mesuré, il est singulièrement peu marqué par le bois – surtout pour cet âge !

Finale Complexe, sec, salé, délicieux.

NOTE 79

BRUICHLADDICH 25 ans d'âge, 45 % vol., Stillman's Dram

Couleur Ambre.

Nez Épicé (certains dégustateurs y ont détecté le macis), fruité, beaucoup de sherry, chêne, sel, algue.

Corps Assez ample, très velouté.

Bouche Marqué par le chêne, séveux, avec des notes de malt et de sel. Les saveurs et les arômes sont étroitement imbriqués.

Finale Chêne, sève et sel ; très intense et long.

NOTE 77

BRUICHLADDICH 25 ans d'âge, 53,8 % vol., Cadenhead

Couleur Or vif

Nez Très floral ; algue et sel.

Corps Assez ample, souple, un brin de viscosité.

Bouche Doux en attaque, avec une lente progression vers des arômes floraux, puis une sécheresse salée. La complexité des saveurs est plus perceptible sans la lourde influence de sherry du précédent.

Finale Saveurs robustes et complexes ; notes salées persistantes.

NOTE 78

BUNNAHABHAIN

Producteur Highland Distilleries
Région Islay **District** North shore

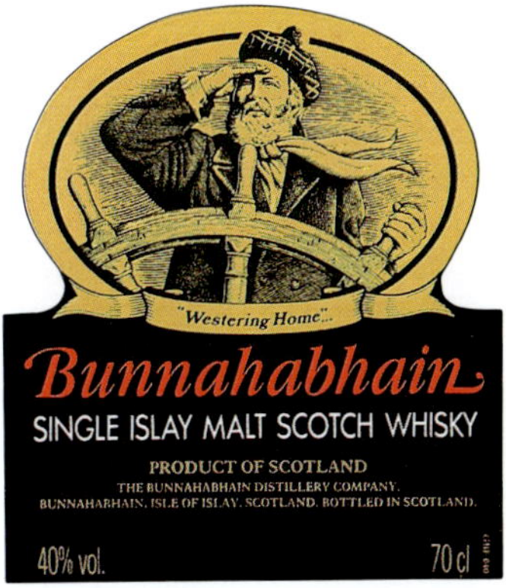

On dit parfois que le Bunnahabhain est dépourvu du caractère de son île natale ; c'est méconnaître ce délicieux whisky. Parmi les malts d'Islay, c'est le plus léger en bouche, mais il offre un corps nettement huileux. Il a ce léger caractère de fleur et de noisette que donne la tourbe, avec une bouffée d'air marin, et sa personnalité est affirmée. La distillerie, fondée en 1881, est construite autour d'une cour, comme un château du Bordelais. Bien qu'elle ait été agrandie en 1963, elle a peu changé. L'eau est recueillie aux sources des collines par des canalisations, et elle est donc moins tourbeuse qu'on pourrait s'y attendre. Les alambics sont « en forme d'oignon », bien qu'ils aient plutôt la silhouette d'une poire. La distillerie est fière du caractère réduit de la *middle cut* prélevée dans les alambics. Pour le vieillissement, elle utilise une petite proportion de fûts de sherry. Un millésime 1964, de Signatory, est plus intense et plus malté que la version officielle.

Style Frais ; goût de noisette. Apéritif.

BUNNAHABHAIN 12 ans d'âge, 40 % vol.

Couleur Or

Nez Arômes d'air marin d'une belle fraîcheur.

Corps Léger ou assez plein ; ferme.

Bouche Agréable, net ; douceur de malt et de noisette.

Finale Beau développement de saveurs. Un caractère rafraîchissant.

NOTE 77

CAOL ILA

Producteur United Distillers
Région Islay **District** North shore

CE WHISKY A TOUJOURS ÉTÉ CÉLÉBRÉ, par les passionnés, pour sa personnalité ; il a beaucoup d'attaque pour un malt de cette partie de l'île. Le nom, en gaélique, signifie « détroit d'Islay ». La distillerie se trouve dans une crique, près de Port Askaig, dominant le détroit où l'on voit le ferry s'essouffler jusqu'à l'île voisine, toute proche, de Jura. A travers champs, des ruisseaux amènent jusqu'à Caol Ila l'eau d'un petit lac tourbeux situé à un mile de là. La distillerie a été construite en 1846, reconstruite en 1879 et profondément modernisée dans les années 70. Le whisky est entré dans un pur malt appelé Glen Ila, et dans les blends de Bulloch Lade, très prisés sur les marchés d'exportation. On trouve des malts diffusés par Bulloch Lade et une version Flora and Fauna. A en juger par les bouteilles des indépendants, ce whisky a rarement été vieilli en fûts de sherry, et c'est le type même de malt qui n'a pas besoin de ce raffinement.

Style Huileux ; il évoque l'olive. Merveilleux apéritif.

CAOL ILA 12 ans d'âge, 40 % vol., Bulloch Lade

Couleur Pâle comme un vin blanc.

Nez Tourbe, algue et fruit.

Corps Léger mais très ferme, devenant un peu sirupeux.

Bouche Tourbe, poivre, épice et olive.

Finale Poivré et chaleureux.

NOTE 77

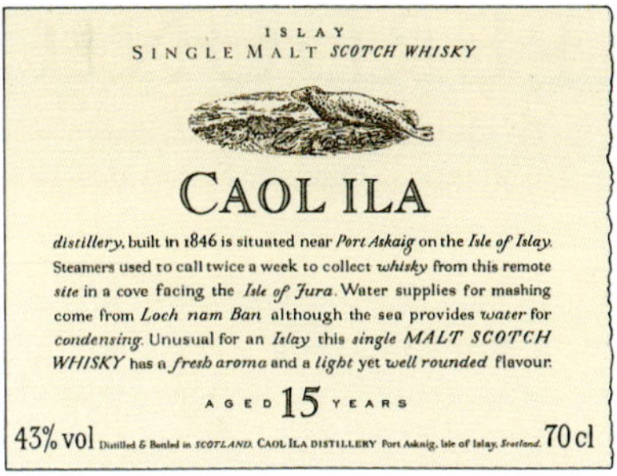

CAOL ILA 15 ans d'âge, 43 % vol., Flora and Fauna

Couleur Fino sherry, brillant.

Nez Aromatique et complexe.

Corps Léger, très ferme, velouté.

Bouche Arrondi ; les saveurs sont davantage fondues.

Finale Huileux et assez chaud pour ne pas laisser paraître les arômes de mer.

NOTE 80

CAOL ILA 1980, 40 % vol., Connoisseurs Choice

Couleur Or, teinté d'ambre.

Nez Air marin frais.

Corps Étonnamment léger, velouté.

Bouche Algue, huile – comme si l'on suçait une olive verte. Touche de sherry.

Finale Très salé (on pense aux anchois) ; belle éloquence.

NOTE 78

Autres versions de Caol Ila

De Cadenhead, un 16 ans d'âge, de 60,2 % vol., offre un nez plus intense, un caractère poivré et amer. NOTE 79. Un 1978, de degré éprouvé, de chez Oddbins, est sec, huileux et très salé. NOTE 78. Un 18 ans d'âge (1974), de 61,1 % vol., de Signatory, est très poivré, avec des notes de pain grillé, et peut-être légèrement boisé. NOTE 77.

CAPERDONICH

Producteur Seagram/Chivas
Région Highlands **District** Speyside (Rothes)

PARTENAIRE DU TRÈS FAMEUX Glen Grant. Les deux maisons, appartenant au même propriétaire, se font face, des deux côtés de la rue, dans la petite ville de Rothes, sur la Spey, qui ne compte pas moins de cinq distilleries. Caperdonich, fondée en 1898, a été reconstruite en 1965 et agrandie en 1967. Depuis le début, elle joue le rôle de second de Glen Grant. Les malts de ces deux distilleries déploient un bouquet léger et parfumé, au goût de noisette. Des deux, le Caperdonich est peut-être un peu plus fruité, avec un goût plus fumé. Tous deux entrent dans le Chivas Regal. En single malt, le Caperdonich n'est diffusé que par des embouteilleurs indépendants – mais ça peut changer !

Style Fruité, crémeux. Digestif.

CAPERDONICH 1968, 40 % vol., Connoisseurs Choice
Les malts les moins connus du Speyside se révèlent parfois très doués, et en voici un exemple.

Couleur Doré, saturé.

Nez Bouquet riche, fumé.

Corps Léger ou assez ample ; tendance à l'assèchement.

Bouche Malté, noisetté et fruité. Touche de noix de coco ?

Finale Apparemment un peu abrupt, il s'affirme néanmoins long et chaleureux, avec des notes légères de fumé.

NOTE 73

CAPERDONICH, **14 ans d'âge, 60,5 % vol., Cadenhead**

Couleur Or, teinté de rouge.

Nez Toile de jute. Notes de feuillage. Terre.

Corps Souple, sirupeux.

Bouche Sirupeux, fruité, épicé et sec. Noix de coco? Clou de girofle?

Finale Sec, fruité, épicé, aromatique.

NOTE 75

CARDHU

Producteur United Distillers
Région Highlands **District** Speyside

AVANT D'AVOIR UNE EXISTENCE officielle, en 1824, la distillerie a été clandestine. Elle a été reconstruite en 1872 par Elizabeth Cumming, belle-fille du fondateur, qui est demeurée dans les mémoires comme une grande figure du monde du whisky. Son fils a été directeur de Johnnie Walker, et l'un au moins de ses descendants est toujours dans la partie. Légèrement sirupeux et doux, le whisky de Cardhu est depuis toujours le cœur moelleux des blends de Johnnie Walker (dans lesquels il est équilibré, notamment, par le très rude et rogue Talisker). Depuis quelques années, il est largement diffusé en single malt. On trouve aussi diverses versions chez les indépendants, avec un nom parfois orthographié à l'ancienne. Cardhu se trouve sur une colline, près de la Spey, au cœur du pays du whisky de malt.

Style Léger, velouté, doux, délicat. Un malt très coulant.

CARDHU 12 ans d'âge, 40 % vol.

Couleur Pâle

Nez Léger, séduisant, avec à peine une nuance de fumé.

Corps Léger et velouté.

Bouche Saveurs assez légères, avec toute la beauté de la douceur maltée.

Finale Avec une douceur sirupeuse et longue, il est aussi sec et rond, et offre des notes sous-jacentes de tourbe, bien atténuées.

NOTE 72

CLYNELISH

Producteur United Distillers
Région Highlands **District** North Highlands

VOICI UN EXEMPLE d'un malt du littoral qui présente bien des traits d'un whisky des îles. La côte touristique (pêche et golf) de Brora a donné son nom à une distillerie créée en 1819. Clynelish, établie à deux pas, a été fondée en 1967. La première, autrefois, utilisait un malt très tourbé, mais celui de la seconde l'est un peu moins. On trouve encore, parfois, le single malt de la vieille distillerie chez des embouteilleurs indépendants ou chez des marchands.

Style Dominantes d'algue et d'épice. Pour accompagner une grillade !

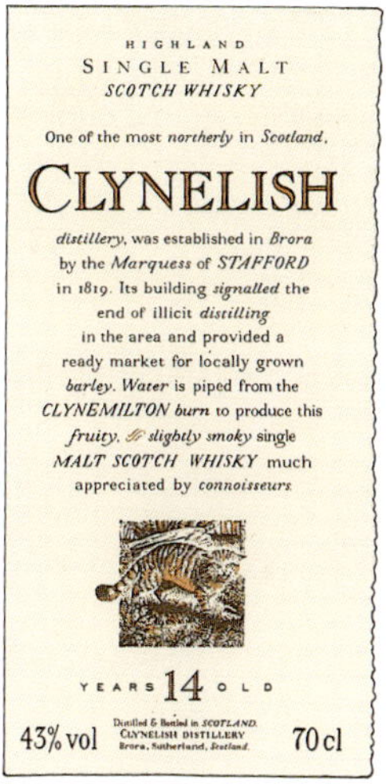

CLYNELISH 14 ans d'âge, 43 % vol., Flora and Fauna

Couleur Or pâle.

Nez Mer, peut-être algue, et tourbe.

Corps Relativement plein, velouté. Manifestement huileux.

Bouche D'abord malté (et doux quand on y met de l'eau), il s'affirme fruité et épicé (moutarde ?), avec des notes d'algue et de sel.

Finale Caractère épicé étonnamment long. Il demeure très frais, avec un beau goût de moutarde. Il rappelle un plat très écossais : moutarde blanche et cresson alénois. C'est un malt fort appétissant.

NOTE 81

BRORA 1972, 40 % vol., Connoisseurs Choice

Couleur Or soutenu ou bronze.

Nez Iode, algue, sel.

Corps Relativement plein, ferme, huileux.

Bouche Algue – mais moins affirmé que ne le suggère le nez. Sec et salé. La bouche est assez délicate, après l'âcre parfum.

Finale Léger, sec et salé.

NOTE 81

CLYNELISH 28 ans d'âge (1965), 50,7 % vol., Signatory

Couleur Bronze.

Nez Frais. Algue.

Corps Relativement plein, velouté, huileux.

Bouche Nuance de sherry ; velouté et doux. Moutarde et algue. Bien équilibré.

Finale Velouté, touche de douceur. Salé à la fin.

NOTE 82

Autres versions de Clynelish

Un 11 ans d'âge, de 66,7 % vol., de Cadenhead, révèle une belle personnalité – très long et épicé, moutardé et chaleureux en finale. NOTE 82. Un 12 ans d'âge très plein, de 57 % vol., de Gordon and MacPhail, avec un nez salé et épicé, nuancé de sherry, est extraordinairement long et complexe en finale. NOTE 82. Un 1972, de degré éprouvé, de chez Oddbins, est ambre foncé, avec une finale sèche, des dominantes de chêne et de moutarde. NOTE 80.

AN CNOC

Producteur Knockdhu Distillery Company
Région Highlands **District** Speyside

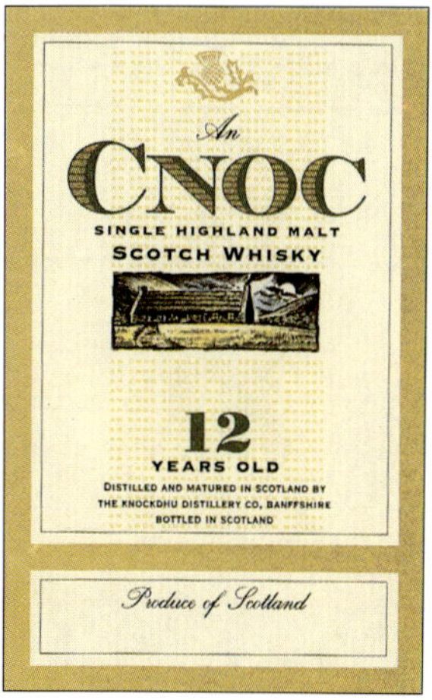

APPELÉ AUTREFOIS Knockdhu, ce malt s'est rebaptisé An Cnoc, pour éviter la confusion avec Knockando. Mais ancien ou actuel, son nom lui vient du petit village de Knock (ce qui signifie «colline sombre» – et il y en a une tout près!), qui se trouve entre deux rivières, l'Isla et le Deveron. Construite en 1894 pour alimenter en malt les blends de Haig, la distillerie a été fermée en 1983, puis rouverte par les associés d'Inver House, une maison de blends. Le single malt est embouteillé officiellement (au début sous l'ancien nom), depuis 1990.

Style Crémeux et fruité. Pour le dessert?

AN CNOC 12 ans d'âge, 40 % vol.

Couleur Or pâle.

Nez Très aromatique, velouté, fruité (ananas?).

Corps Léger mais très velouté.

Bouche Velouté, crémeux; notes de vanille. Nuances délicates de fruit. Très coulant et agréable.

Finale Crémeux. Note d'avoine. Herbes condimentaires.

NOTE 75

Autres versions de Knockdhu

Un 1974 (Connoisseurs Choice), embouteillé sous l'ancien nom, a montré une nuance de fumé, un caractère très crémeux et malté, une touche de sherry et une finale très longue. NOTE 75.

COLEBURN

Producteur United Distillers
Région Highlands **District** Speyside (Lossie)

UN BLENDER «HISTORIQUE», Andrew Usher, a créé diverses marques qui ont utilisé ce malt – qui est entré aussi dans les blends de Johnnie Walker. La distillerie, sur la rive de la rivière Lossie, a été fondée en 1896. Petite et à l'ancienne mode, elle a été fermée en 1985, et on désespère de la voir rouvrir.

Style Sec, vif. Apéritif.

COLEBURN 1972, 40 % vol., Connoisseurs Choice

Couleur Or soutenu.

Nez Douceur et sécheresse ; nuance de fumé.

Corps Léger mais ferme.

Bouche Légèrement huileux. Céréale et douceur. Il s'affirme peu à peu plus sec, avec de faibles notes de fumé.

Finale Encore huileux et doux, devenant sec, chaleureux. Il s'éteint légèrement.

NOTE 66

Autres versions de Coleburn

Un 1965 de Connoisseurs Choice a un bouquet plus ample et plus floral, et une douceur de raisin sec. NOTE 67. Un 1979 (embouteillé en 1988), de la scotch Malt Whisky Society, est plus marqué par le fruit et le sherry, et plein de vivacité. NOTE 69. On peut encore les trouver, oubliés, chez quelques marchands.

CONVALMORE

Producteur William Grant and Sons
Région Highlands **District** Speyside (Dufftown)

PROCHE VOISINE de Glenfiddich et de Balvenie, et appartenant aux mêmes depuis 1992, cette distillerie est sans doute destinée à produire pour le blend de Grant. Elle a été construite en 1894, et mise en sommeil en 1985.

Style Malté, sirupeux, fruité, ample. Digestif.

CONVALMORE 1969, 40 % vol., Connoisseurs Choice
Digestif sans prétention, mais agréable.

Couleur Or soutenu.

Nez Très plaisant, doux.

Corps Relativement plein.

Bouche Velouté, légèrement sirupeux. Doux en attaque, sans rien d'écœurant. Il s'affirme ensuite sec et malté.

Finale Sec et aromatique ; notes de gingembre, d'épice et de tourbe.

NOTE 68

CONVALMORE 30 ans d'âge, 46,5 % vol., Cadenhead

Couleur Or.

Nez Miel, avec une touche de tourbe.

Corps Relativement plein.

Bouche Malté, souple et fruité (poires au sirop ?). Étonnamment peu boisé.

Finale Velouté, long, épicé – bruyère et note de tourbe.

NOTE 75

CRAGGANMORE

Producteur United Distillers
Région Highlands **District** Speyside

S'IL COMPTE PARMI LES GRANDS malts du Speyside, il est encore peu connu. C'est un whisky pour connaisseurs, produit par une distillerie assez modeste, bien qu'il figure dans l'écurie des « Classic Malts » d'United Distillers. Cragganmore est une distillerie estimée, fondée en 1869, au passé brillant et fort belle dans son trou de verdure – le repli d'une colline sur la Spey. L'eau, qu'elle puise aux sources avoisinantes, est assez dure, et ses alambics ont une forme aplatie très spéciale. Ces deux facteurs sont sans doute importants pour donner sa complexité à ce malt, vieilli en fûts de sherry. La production entre dans les blends de Macallum, très diffusés en Australie.

Style Austère, sec comme la pierre, aromatique. Digestif.

CRAGGANMORE 12 ans d'âge, 40 % vol.

Couleur Doré.

Nez Le bouquet le plus complexe de tous les malts. Il est extraordinairement parfumé et délicat, avec des notes douces de foin coupé et de condiments (le thym, peut-être ?).

Corps Relativement léger, mais très ferme et velouté.

Bouche Délicat, net, réservé, avec une belle envolée de notes végétales et florales.

Finale Long.

NOTE 90

CRAGGANMORE 1976, 53,8 % vol., Gordon and MacPhail

Couleur Or pâle.

Nez Parfumé, légèrement tourbé. Herbe, noisette, condiments.

Corps Assez plein, très velouté.

Bouche Complexe, réservé – avec des notes de réglisse et de racine.

Finale Long, dominante de réglisse, enveloppant.

NOTE 89

CRAGGANMORE 1974, 40 % vol., Connoisseurs Choice

Couleur Un peu plus soutenu que la version 1972.

Nez Assez tendre. Parfumé, avec une note de tourbe et de fumée.

Corps Plein mais souple.

Bouche Étonnamment parfumé et épicé. Très complexe.

Finale Relativement modéré, mais très long.

NOTE 88

CRAIGELLACHIE

Producteur United Distillers
Région Highlands **District** Speyside

AU CONFLUENT DE LA FIDDICH et de la Spey, et au croisement des grandes routes qui lient Dufftown, Aberlour et Rothes, le village de Craigellachie possède un pont dessiné par le célèbre ingénieur écossais Thomas Telford, une tonnellerie et deux distilleries. Celle qui porte le nom du bourg se trouve au sud-est de la Spey ; l'autre, Macallan, est au nord-ouest. Le whisky est très parfumé, malté et fruité, et entre dans les blends de White Horse. Comme single malt, il compte parmi la série des Flora and Fauna, embouteillés par United Distillers. La distillerie date de 1891 et a été reconstruite en 1965.

Style Doux, friand, fruité. Digestif.

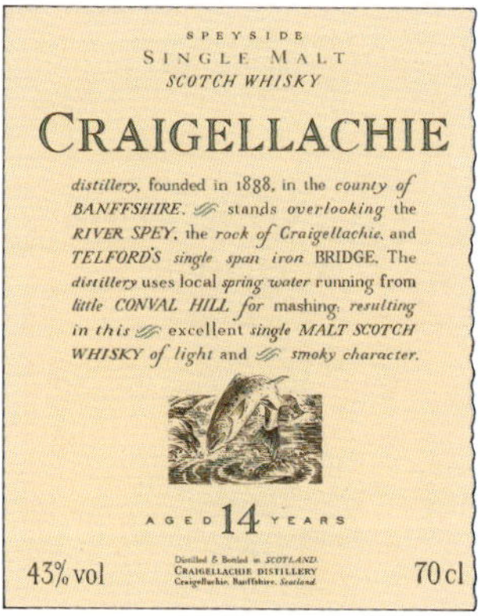

CRAIGELLACHIE 14 ans d'âge, 43 % vol., Flora and Fauna

Couleur Vieil or.

Nez Parfumé. Légèrement fumé. Belles notes douces et maltées d'orge écrasée.

Corps Assez plein.

Bouche Doux, légèrement sirupeux et malté en attaque, il développe ensuite des notes de noisette et un beau fruit (orange de Séville).

Finale Orange, légèrement fumé ; aromatique et chaleureux.

NOTE 75

CRAIGELLACHIE 1974, 40 % vol., Gordon and MacPhail

Couleur Ambre.

Nez Parfum plus puissant et plus complexe.

Corps Assez plein.

Bouche Plus tendre. Notes de noisette. Il s'atténue un peu.

Finale Un peu fumé, joliment chaleureux.

NOTE 73

CRAIGELLACHIE 26 ans d'âge, 46 % vol., Cadenhead

Couleur Clair, vin blanc.

Nez Parfumé, sec.

Corps Très souple et velouté.

Bouche Mentholé et malté, doux. Personnalisé et agréable.

Finale Mentholé, assez bref.

NOTE 72

DAILUAINE

Producteur United Distillers
Région Highlands **District** Speyside

Entre le mont Ben Rinnes et la Spey, dans le hameau de Carron, non loin d'Aberlour, la distillerie Dailuaine se cache dans un creux (le nom, qui signifie « val vert », ne ment pas). Elle a été construite en 1852, et rebâtie plusieurs fois. Elle compte parmi les nombreuses distilleries de la vallée de la Spey ; autrefois, le train s'y arrêtait, pour les ouvriers et les visiteurs, et aussi pour décharger l'orge et le malt, et charger le whisky. La ligne a aujourd'hui disparu, mais elle a laissé place à un chemin emprunté par les randonneurs qui visitent la vallée, et qui conduit de Tomintoul à la mer. Toutefois, la vieille locomotive a été conservée ; on peut la voir sur une portion de voie maintenue, à Aviemore. Le whisky est longtemps entré dans les blends de Johnnie Walker ; il est diffusé en single malt, dans la série des Flora and Fauna, depuis 1991.

Style Malté, fruité, parfumé. Digestif.

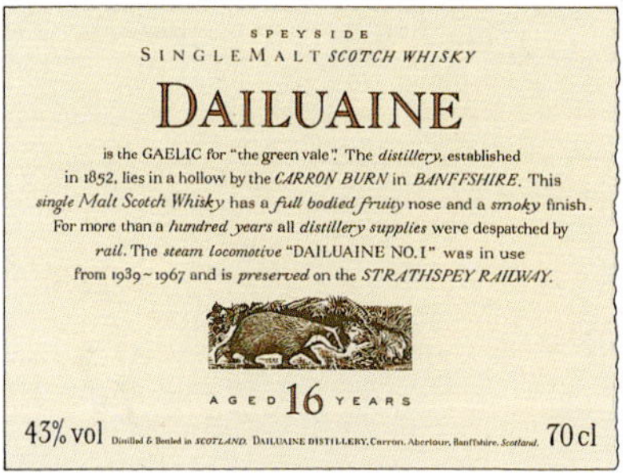

DAILUAINE 16 ans d'âge, 43 % vol., Flora and Fauna

Couleur Ambre rougeâtre très affirmé.

Nez Marqué par le sherry mais sec, parfumé.

Corps Assez plein, velouté.

Bouche Dominantes de sherry et de sucre d'orge du malt, mais équilibrées par des notes sèches, sous-jacentes, de cèdre ou de chêne.

Finale Marqué par le sherry, velouté, très chaleureux, long.

NOTE 76

DAILUAINE 1971, 40 % vol., Connoisseurs Choice

Couleur Or.

Nez Parfumé, persistant, d'abord sec, avec des notes maltées et une touche de sherry qui, peu à peu, s'adoucit.

Corps Relativement plein, assez charnu.

Bouche Une douceur modérée, des notes maltées sirupeuses et une pleine mesure de fruit.

Finale Marqué par le chêne.

NOTE 74

DAILUAINE 22 ans d'âge, 46 % vol., Cadenhead

Couleur Très pâle, vin blanc.

Nez Parfumé, plutôt sec, mais avec des notes douces.

Corps Relativement plein, souple.

Bouche Doux, fruité, aromatique.

Finale Souple, fruité, aromatique. Une version de 23 ans d'âge est peut-être légèrement plus sèche.

NOTE 73

Autres versions de Dailuaine

Un Scotch Malt Whisky Society, embouteillé en 1975, de 57,3 % vol., offre une teinte verdâtre, un nez plus fumé et une bouche plus douce, avec une bonne dose d'arômes de sucre d'orge. NOTE 72.

Un 13 ans d'âge (1978), de 64,8 % vol., de la Scotch Malt Whisky Society, présente la même couleur, un nez assez sec de bruyère et de miel, et une bouche sèche, mais marquée par le sherry. NOTE 73.

DALLAS DHU

Producteur United Distillers
Région Highlands **District** Speyside (Findhorn)

CETTE DISTILLERIE A ÉTÉ PRÉSERVÉE pour le patrimoine, mais elle ne produit plus son malt si riche et si délicieux. Fondée en 1899 et très peu modifiée depuis, elle a été fermée au début des années 80, et rouverte en 1988 – sous l'égide des Monuments historiques. On ne parle pas de reprise d'activité, mais on trouve encore le précieux breuvage chez des embouteilleurs indépendants.

Style Belle richesse de saveurs et d'arômes. Digestif.

DALLAS DHU 10 ans d'âge, 40 % vol., Gordon and MacPhail

Couleur Ambre.

Nez Tourbe, malt, sherry. Complexe.

Corps Assez ample, très velouté.

Bouche Malt, chocolat noir.

Finale Velouté, chocolaté.

NOTE 80

Autres versions de Dallas Dhu

Un Signatory de 1974, de 60,8 % vol., joliment coloré d'or vif, offre un nez plus floral, un corps plus plein, une bouche plus mielleuse. NOTE 80.
Un Connoisseurs Choice de 1971, de 40 % vol., est complexe, avec des notes séveuses de chêne et une très longue finale. NOTE 85.
Un 30 ans d'âge de Cadenhead, de 53,3 % vol., or très soutenu, présente un nez un peu plus boisé, une bouche pleine, des saveurs concentrées de miel et une finale florale. NOTE 80.

THE DALMORE

Producteur Whyte and Mackay
Région Highlands **District** Northern Highlands

AUTREFOIS PROPRIÉTÉ d'une grande famille locale, les Mackenzie, amis de James Whyte et de Charles Mackay, qui ont laissé un nom dans l'histoire du blended scotch, la distillerie Dalmore, fondée, dit-on, en 1839, ressemble fort à une gare de chemin de fer. Ses bureaux sont revêtus de lambris de chêne sculpté ayant appartenu à un pavillon de chasse. L'eau, douce et généreuse, vient d'une rivière, l'Alness, qui coule dans les bois. Les alambics sont particuliers : les *wash stills* (première distillation) ont une chambre supérieure inhabituelle, conique, et les *spirit stills* (seconde distillation) sont refroidis par ruissellement d'eau. Il y a deux paires d'alambics, de formes identiques mais de tailles différentes. Les entrepôts se trouvent de l'autre côté de l'estuaire du Cromarty. Environ 85 % du whisky est vieilli dans des fûts de bourbon, le reste dans des fûts d'oloroso ou d'amontillado, mais tout est ensuite assemblé dans des barriques de sherry. Certains blenders comparent le whisky Dalmore au vin rouge de merlot. Il semble amplifier les arômes, les harmoniser et leur donner une plus grande richesse.

Style Riche, aromatique. Confiture d'oranges. Digestif.

DALMORE 12 ans d'âge, 40 % vol.

Couleur Ambre soutenu.

Nez Puissant, fruité (confiture d'oranges) ; malt et sherry.

Corps Relativement plein. La douceur du velours.

Bouche Riche, libérant peu à peu des saveurs modérées. Douceur maltée, aigre-doux de l'orange, épices (anis ?) et parfums ; bruyère et tourbe légère – et même une discrète bouffée, salée, d'air marin.

Finale Remarquablement long.

NOTE 79

DALMORE 18 ans d'âge, 54,8 % vol., Cullicudden

Couleur Or.

Nez Un peu de bruyère et de fruit.

Corps Assez plein et sirupeux.

Bouche Très malté, légèrement fruité ; notes de bruyère et de sel.

Finale Sirupeux ; touche de bruyère ; très salé.

NOTE 75

DALMORE 30 ans d'âge, 54,5 % vol., Cadenhead

Couleur Or très pâle, légèrement ombré de vert.

Nez Bruyère et fruit ; note de bois soufré.

Corps Assez plein, souple.

Bouche Doux ; nuance d'orange.

Finale On mord dans une peau d'orange ! Nuances boisées.

NOTE 75

DALMORE 50 ans d'âge, degré éprouvé

Couleur Acajou.

Nez Riche, de toffee et de brûlé, avec un caractère fumé étonnamment frais. Influence marquée et délicieuse du chêne.

Corps Assez plein. L'âge a dissipé un peu de la plénitude.

Bouche Orange, sève, chêne et fumée.

Finale Émergence tardive des notes maltées, et toujours plus de saveurs de brûlé et de fumé.

NOTE 80

DALWHINNIE

Producteur United Distillers
Région Highlands **District** Speyside

C'EST LA DISTILLERIE LA PLUS HAUTE d'Écosse (326 m). Abritée dans un vallon, elle voit d'un côté les monts Monadhlaith, et de l'autre la forêt d'Atholl, les Cairngorms et les monts Grampian. En gaélique, Dalwhinnie signifie « lieu de rencontre ». Le village, du même nom, se trouve à la jonction des anciennes routes de passage des troupeaux qui conduisaient du Nord et de l'Ouest jusqu'aux Lowlands du centre de l'Écosse – et qu'empruntait aussi le whisky de contrebande ! En 1897, lorsqu'elle a été créée, la distillerie s'appelait Strathspey. Elle peut se considérer comme faisant partie du Speyside, bien qu'elle soit à 40 kilomètres au sud des vallées à whisky. Son whisky de malt a longtemps été l'un des principaux composants des blends de Buchanan, et il représente les Highlands dans la série des « Classic Malts » d'United Distillers.

Style Légèrement tourbé. Apéritif.

DALWHINNIE 15 ans d'âge, 43 % vol.

Couleur Or.

Nez Très aromatique, sec, un peu phénolique, légèrement tourbé.

Corps Ferme, légèrement huileux.

Bouche Remarquablement velouté. Les saveurs évoluent et persistent : les notes de bruyère et de miel laissent place au foin coupé, à la douceur maltée, puis à une soudaine marée de tourbe.

Finale Très long.

NOTE 76

DALWHINNIE 1970, 40 % vol., Connoisseurs Choice

Couleur Un peu plus soutenu.

Nez Plus phénolique, plus vigoureusement tourbé.

Corps Plein, légèrement sirupeux.

Bouche Moins de subtilité, mais le caractère Highlands est plus marqué.

Finale Plus vigoureux.

NOTE 76

DALWHINNIE 27 ans d'âge, 45,5 % vol., Cadenhead

Couleur Or soutenu.

Nez Une certaine douceur herbacée. Légèrement tourbé.

Corps Relativement plein, sirupeux.

Bouche Une douceur maltée, puis sec et herbacé.

Finale Affirmé et quelque peu tourbé.

NOTE 76

Autres versions de Dalwhinnie

Un 17 ans d'âge (embouteillé en 1975), de 57,8 % vol., de la Scotch Malt Whisky Society, offre des flaveurs robustes et, à la fois, une douceur maltée sirupeuse et la rudesse végétale d'une longue finale. NOTE 76.

DEANSTON

Producteur Burn Stewart
Région Highlands **District** Midlands

CETTE DISTILLERIE se trouve bien dans les Highlands, mais tout près de leur limite sud, précisément à Doune, au sud-est de Perth, avec son château médiéval, où était établie une ancienne filature de coton construite par Richard Arkwright à la fin du XVIIIe siècle, mue par l'eau de la rivière Teith. Dans les années 60, alors que le commerce du whisky était florissant, et étant donné l'excellence de l'eau, on a transformé la filature en distillerie. Deanston a ouvert en 1965-1966, et a utilisé le bâtiment voûté de l'atelier de tissage comme entrepôt. Les affaires ont prospéré, puis la crise est venue au milieu des années 80, et il a fallu fermer. A cette époque, le propriétaire était Invergordon. Avec la reprise de la fin des années 80 et du début des années 90, Deanston a été rachetée par le blender Burn Stewart, et la production est repartie. Un échantillon d'un 1977, de 55 % vol., de la Scotch Malt Whisky Society a montré une richesse prometteuse et une douceur maltée aux notes de caramel.

Style Léger, légèrement huileux. Cordial.

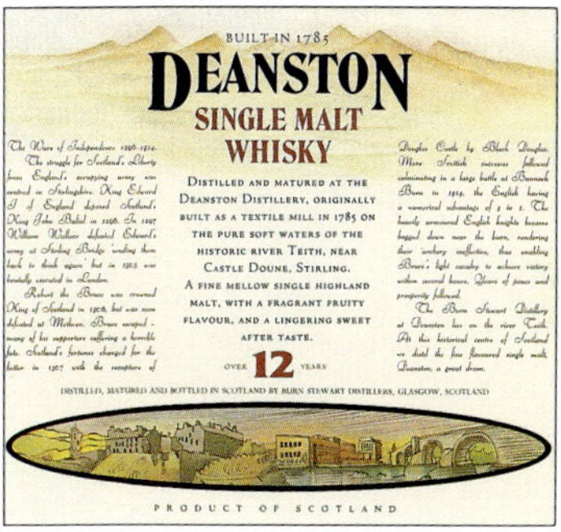

DEANSTON 12 ans d'âge, 40 % vol.

Couleur Très pâle, or teinté de vert. Fino sherry.

Nez Huile de lin.

Corps Léger, velouté, harmonieux.

Bouche Léger, très franc. Légèrement malté, s'asséchant en finale. Il évoque aussi un sherry sec au goût de noisette.

Finale Encore très léger, mais avec une nuance plus goûteuse. Il a plus le caractère d'un whisky des Lowlands que des Highlands.

NOTE 70

DEANSTON 16 ans d'âge, 55 % vol., Cadenhead

Couleur Or très pâle, teinté de vert.

Nez Herbacé.

Corps Léger, ferme.

Bouche Doux en attaque, notes de caramel et de noisette, puis saveurs herbacées, nuancées d'aigre-doux.

Finale Sec. Herbes aromatiques.

NOTE 71

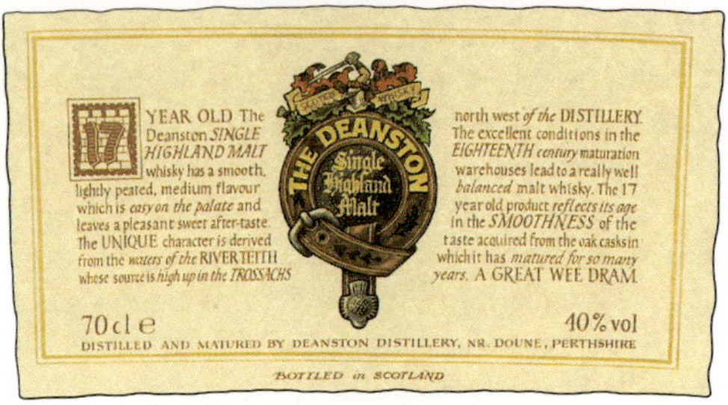

DEANSTON 17 ans d'âge, 40 % vol.

Couleur Nettement plus dense. Bronze soutenu.

Nez Huile de lin, herbe fraîche, céréales, sucre d'orge.

Corps Relativement léger.

Bouche Céréales, avec un goût de noisette plus affirmé. Légèrement crémeux.

Finale Goût de noisette ; alléchant.

NOTE 71

DEANSTON, 25 ans d'âge, 40 % vol.

Couleur Bronze.

Nez Céréale et noix.

Corps Assez plein, très velouté.

Bouche Céréales, noisette, quelques notes douces.

Finale Nuance crémeuse.

NOTE 71

DRUMGUISH

Producteur Speyside Distillery Company
Région Highlands **District** Speyside

LÀ OÙ LA TROMIE se jette dans la Spey, on a construit une distillerie en 1895 ; elle portait le nom de Speyside, et a été démantelée avant la Première Guerre mondiale. Dans les années 50, George Christie, blender de whisky, a rêvé de construire au même endroit une nouvelle distillerie ; il a créé un blend appelé Speyside, et un pur malt, le Glentromie. Mais son projet de single malt a mijoté de longues années, alternativement refroidi et réchauffé par les aléas du marché du whisky. Finalement, la distillerie, en pierre, a ouvert en 1993. Le single malt, baptisé du nom du lieu, Drumguish, est encore dans son enfance et n'a pas la prétention de jouer les vieux briscards. Toutefois, puisque les grands malts sont parfois vendus à 5 ans d'âge sur certains marchés, pourquoi un nouveau venu ne tirerait-il pas parti de cette situation ? Le single malt plus mature viendra à son heure.

Style Sec ; légèrement huileux, avec une note de tourbe. Apéritif.

DRUMGUISH 3 ans d'âge, 40 % vol.

Couleur Or soutenu.

Nez Floral, sec, légèrement tourbé.

Corps Relativement léger, souple, s'asséchant sur la langue.

Bouche Attaque nette, douceur crémeuse brève, puis, très vite, un caractère un peu huileux s'impose, avec une sécheresse légèrement tourbée.

Finale Légèrement tourbé, sec, avec une touche ultime et légère de fruit.

NOTE 70

La belle architecture rappelle la fin du XIXe siècle, mais la distillerie n'est guère plus vieille que le whisky.

DUFFTOWN

Producteur United Distillers
Région Highlands **District** Speyside (Dufftown)

JAMES DUFF, COMTE DE FIFE, est le fondateur éponyme de cette ville qui se trouve au confluent de la Fiddich et de la Dullan, qui vont ensuite se jeter dans la Spey. La cité compte sept distilleries de malt, mais seule celle-ci lui a emprunté son nom. Comme Pittyvaich, sa proche voisine, elle a été la propriété de Bells jusqu'à ce qu'United Distillers rachète cette société. Autrefois, jusqu'en 1896, ses bâtiments de pierre abritaient un moulin, mais une pagode y a fait ensuite son apparition. La distillerie a été agrandie, par deux fois, dans les années 70. Le malt de Dufftown est un bon whisky des Highlands, sérieux et carré !

Style Aromatique, sec, malté. Apéritif.

DUFFTOWN, 8 ans d'âge, 40 % vol.

Couleur Plein, doré.

Nez Légèrement aromatique, avec des nuances de fumé et une belle sécheresse maltée.

Corps Assez plein, arrondi, ferme et s'asséchant.

Bouche Il promet, semble-t-il, plus qu'il ne tient. Encore des nuances de fumé et une forte sécheresse maltée.

Finale Une viscosité très longue sur la langue, mais pas beaucoup de flaveurs.

NOTE 70

DUFFTOWN 10 ans d'âge, 40 % vol.

Couleur Doré, très coloré.

Nez Un peu plus de tout. Très bien arrondi.

Corps Davantage de viscosité.

Bouche Assez sirupeux.

Finale Les flaveurs manquent d'épanouissement.

NOTE 71

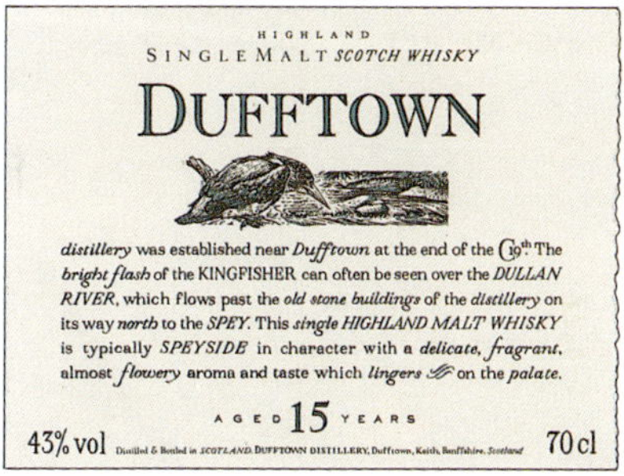

DUFFTOWN 15 ans d'âge, 43 % vol., Flora and Fauna

Couleur Or pâle.

Nez Très sérieusement aromatique.

Corps Légèrement sirupeux.

Bouche Malté, plutôt sec, s'affirmant floral.

Finale Assez long mais très léger.

NOTE 71

EDRADOUR

Producteur Pernod/Campbell Distillers
Région Highlands **District** Midlands

C'EST LA DERNIÈRE DES DISTILLERIES de ferme, avec un matériel traditionnel, et c'est aussi la plus petite d'Écosse. Edradour aimerait situer ses origines au début de la production légale du whisky dans les Highlands, en 1825, bien que la distillerie actuelle date, sans doute, de 1837. Elle s'abrite dans le hameau de Balnauld, au-dessus de la ville de Pitlochry. Discrète et cachée, elle a, dit-on, rafraîchi bien des gosiers américains asséchés par la Prohibition. Certains affirment qu'ensuite elle a été contrôlée par la Mafia, mais il n'y a aucune preuve sérieuse. Les trois employés produisent en un an le volume de whisky qui sort en une semaine des grandes distilleries. L'eau qu'elle utilise coule sur la tourbe et le granit, et surgit à quelques centaines de mètres de la ferme. Elle a recours à l'orge locale, et les alambics sont les plus petits d'Écosse, ce qui ne compte pas peu pour la personnalité du malt – s'ils étaient à peine plus petits, ils seraient interdits par le service des douanes, qui craint la distillation clandestine. Depuis la fin des années 80, Edradour embouteille son whisky comme single malt 10 ans d'âge sous sa propre étiquette.

Style Mentholé, crémeux. Digestif.

Pour visiter cette jolie petite distillerie, il faut escalader une colline avant de la découvrir, blottie dans son vallon.

EDRADOUR 10 ans d'âge, 40 % vol.

Couleur Doré et dense.

Nez Menthe poivrée, amande douce, nuance de sherry, notes épicées et fumées.

Corps Remarquablement crémeux pour un malt assez léger.

Bouche Mentholé et net, crémeux, malté.

Finale Fondu, chaleureux.

NOTE 81

EDRADOUR 1973, 40 % vol., Gordon and MacPhail

Couleur Bronze

Nez Plus marqué par le sherry.

Corps Léger, mais velouté et arrondi.

Bouche Malté, avec un goût de noisette. Étonnamment crémeux.

Finale Chaud, enveloppant, long.

NOTE 85

EDRADOUR 1968, 46 % vol., Signatory

Couleur Doré.

Nez Parfumé, sec.

Corps Léger, mais ferme ; huileux.

Bouche Goût de noisette ; floral, sec.

Finale Sec et assez abrupt.

NOTE 80

FETTERCAIRN

Producteur Whyte and Mackay
Région Highlands **District** Eastern Highlands

ENTRE LES CAIRNGORMS et la mer, de nombreuses distilleries s'abritent parmi les collines, les vallons et les forêts. Le village et la distillerie de Fettercairn se trouvent près de la vallée de la North Esk, une rivière qui se jette dans la mer à deux pas de Montrose. Cette distillerie est l'une des plus anciennes d'Écosse, puisqu'on la date de 1824 ; elle a été plusieurs fois modifiée au début du siècle, et agrandie en 1966. Le single malt est subtil – et on le sous-estime souvent ! C'était d'abord un 8 ans d'âge, et maintenant un 10 ans d'âge. Une touche de sherry, deux ans de plus et un taux d'alcool peut-être légèrement plus élevé – la différence n'est pas mince !

Style Léger goût de terre et de noisette. Apéritif.

OLD FETTERCAIRN 10 ans d'âge, 43 % vol.

Couleur Or très soutenu

Nez Nuance de sherry. Arômes de noix. Traces de tourbe ? Très séduisant.

Corps Léger, velouté, soyeux.

Bouche Sec, goût de noisette et de toffee (mais léger et presque insaisissable), doux, bien équilibré.

Finale Modéré, avec une douceur élégante, devenant parfumé. Interminable, très chaud.

NOTE 77

GLEN ALBYN

Producteur United Distillers
Région Highlands **District** Speyside (Inverness)

On considère Inverness comme la capitale des Highlands. Mérite-t-elle ce titre, étant donné qu'on ne trouve qu'une seule distillerie plus à l'ouest ? Cependant, autrefois, et depuis le XIXe siècle, trois distilleries produisaient dans la ville, mais elles ont été fermées dans les années 80. Dans le livre de Brian Townsend *Scotch Missed*, on voit une photo de Glen Albyn, au bord de l'eau, avant qu'elle cède sa place à un supermarché. Le whisky était produit pour les blends et n'a jamais été renommé comme single malt, mais les stocks restants montrent qu'il était fort agréable.

Style Floral et sec. Apéritif.

GLEN ALBYN 1972, 40 % vol., Connoisseurs Choice

Couleur Ambre

Nez Tourbe, fumée, touche de sherry.

Corps Assez plein, ferme.

Bouche Très fin et long. D'abord nettement sec, puis des notes de noisette et de sherry émergent.

Finale Étonnamment frais, avec des notes de tourbe et de chêne.

NOTE 74

Autres versions de Glen Albyn

Un Master of Malt 12 ans d'âge, de 43 % vol., presque blanc de robe, est remarquablement fin et frais, avec un léger arôme de savon. NOTE 70. Un Signatory 1974, de 58 % vol., est spiritueux au nez, mais parfumé et floral en bouche. NOTE 70. Un 1975 d'Oddbins, de degré éprouvé, est assez proche par le style, mais peut-être un peu plus velouté. NOTE 71.

GLENALLACHIE

Producteur Pernod/Campbell
Région Highlands **District** Speyside

AU CŒUR MÊME du Speyside, à côté d'Aberlour, Glenallachie est une distillerie moderne et fonctionnelle, mais son environnement est joli, avec sa retenue d'eau et sa petite cascade. Elle a été construite en 1967 pour fournir en malt les blends de Mackinlay, alors propriété de Scottish and Newcastle Breweries. En 1985, elle a été rachetée, avec neuf autres maisons de ce groupe, par Invergordon. Elle a été fermée vers la fin des années 80, puis rachetée et rouverte quelque temps plus tard par Campbell Distillers. On y trouve un beau spécimen d'un whisky du Speyside, subtil et complexe, qui se distingue par sa délicatesse. Comme single malt, il n'est pas très connu, et il n'est pas régulièrement embouteillé en tant que tel, ce qui est bien dommage. Il mérite beaucoup mieux.

Style Complexe, subtil, délicat. Apéritif.

GLENALLACHIE 12 ans d'âge, 40 % vol.

Un compagnon élégant et gracieux, à tutoyer avant le repas.

Couleur Très pâle.

Nez Parfumé, assez doux et malté.

Corps Léger mais ferme.

Bouche Joliment fin, velouté et délicat.

Finale D'abord doux, il s'enfle ensuite en une longue finale parfumée.

NOTE 76

GLENBURGIE

Producteur Allied Distillers
Région Highlands **District** Speyside (Findhorn)

SITUÉE SUR LA LIGNE DE PARTAGE DES EAUX du Findhorn, entre Forres et Elgin, Glenburgie produit des malts très herbacés, qui entrent dans les blends de Ballantine, mais rares en single malts. Il y a eu des embouteillages officiels à 5 ans d'âge, mais pas régulièrement. On trouve aussi des versions, d'âges divers, chez les indépendants. Sur le site, à Alves, il y avait une distillerie dès 1829, mais elle a vite disparu. Cependant, elle a été reconstruite en 1878, et agrandie en 1958. On a ajouté alors deux alambics Lomond, mais le whisky produit n'a jamais été officiellement diffusé. Il y a eu des embouteillages indépendants, sous le nom de Glencraig, et on peut encore trouver des bouteilles, bien que les stocks soient épuisés. Ces deux alambics ont été démontés au début des années 80.

Style Huileux, fruité. Apéritif.

GLENBURGIE 8 ans d'âge, 40 % vol., Gordon and MacPhail

Couleur Or, teinté d'ambre.

Nez Chêne ciré.

Corps Léger, velouté, ferme.

Bouche Sec, un peu cireux (comme une peau d'orange), développant très lentement des arômes d'agrumes.

Finale Léger et sec, très agréable.

NOTE 69

GLENBURGIE 1966, 57,6 % vol., Gordon and MacPhail

Couleur Vieil or.

Nez Très huileux, notes de chêne.

Corps Relativement léger, velouté, ferme.

Bouche Notes d'orange et d'épice ; caractère vif.

Finale Arômes fruités d'orange bien marqués.

NOTE 70

GLENCRAIG 1970, 40 % vol., Connoisseurs Choice

Couleur Or, brillant.

Nez Sec, mais puissamment fruité (fruit exotique ? Peut-être la goyave ?), surtout quand on y met une larme d'eau.

Corps Ferme, huileux.

Bouche D'abord doux et sirupeux – puis sec comme un alcool de poire.

Finale Très long, sec et légèrement boisé.

NOTE 68

GLENCADAM

Producteur Allied Distillers
Région Highlands **District** Eastern Highlands

CETTE DISTILLERIE BIEN TENUE se trouve à deux pas de la vieille cité commerçante de Brechin, sur la côte Est. Fondée en 1825, elle a été très agrandie et modernisée en 1959. Elle a produit pour les blends Cream of the Barley de Ballantine et de Stewart ; en effet, le whisky est un malt particulièrement crémeux. Il est embouteillé par Gordon and MacPhail. Stewart en propose aussi, en quantité limitée et sous une forme luxueuse, en décanteuse de cristal.

Style Crémeux. Avec le dessert ou en digestif.

GLENCADAM 1974, 40 % vol., Connoisseurs Choice

Couleur Soutenu.

Nez Fumé et fruité.

Corps Plein, crémeux.

Bouche Frais, une certaine douceur de malt et de beurre.

Finale Chaleureuse.

NOTE 68

GLENCADAM 21 ans d'âge, 46 % vol., Cadenhead

Couleur Or soutenu.

Nez Puissant, aromatique. Fumé et fruité.

Corps Ample ; il s'assèche sur la langue.

Bouche Doux. Fraise et crème glacée.

Finale Chaleureux ; notes de bourbon.

NOTE 68

GLEN DEVERON

Producteur William Lawson Distillers
Région Highlands **District** Speyside (Deveron)

L'AMATEUR NOVICE DÉSIREUX DE DÉCOUVRIR le goût et l'arôme véritables du malt serait bien inspiré de passer quelques soirées à travailler une bonne bouteille de Glen Deveron. C'est un whisky malté, franc et élégant, coulant et agréable. En outre, il est assez largement diffusé sous la forme d'un Glen Deveron 12 ans d'âge. Ce nom, Deveron, désigne à la fois une rivière, une vallée et un district, sur les marges orientales du Speyside. La distillerie, qu'on appelle Macduff, est située sur la rivière, juste en face de la ville de Banff (le whisky est d'ailleurs vendu sous ce nom de Macduff chez quelques indépendants). Elle a été construite en 1962, et est exploitée par William Lawson Distillers, qui est lié avec le groupe international Martini et Rossi, par l'intermédiaire de General Beverage. Le malt est sans doute utilisé pour les blends de William Lawson.

Style Malté. Cordial ou digestif.

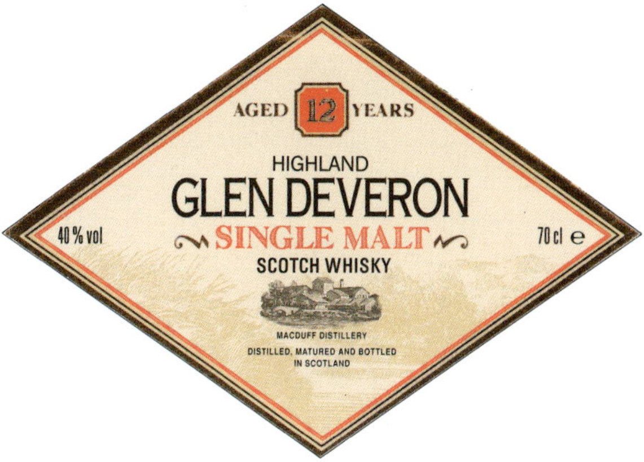

GLEN DEVERON 12 ans d'âge, 40 % vol.

Couleur Or.

Nez Nuances de sherry et douceur du malt, avec une dominante fraîche et plaisante.

Corps Relativement léger, mais bien velouté.

Bouche Ample, très élégant et malté.

Finale Sec et malté. Bref, mais chaleureux et agréable.

NOTE 75

MACDUFF 1975, 40 % vol., Connoisseurs Choice

Couleur Ambre.

Nez Notes de sherry (fino ?).

Corps Relativement léger.

Bouche Léger goût de soufre.

Finale Bref.

NOTE 70

MACDUFF 21 ans d'âge, 55,5 % vol., James MacArthur

Couleur Or jauni.

Nez Plus de sherry que ne le suggère la robe. Nuance de douceur maltée.

Corps Relativement léger, mais très velouté et huileux.

Bouche Belle envolée de saveurs. D'abord souple et malté, puis sec et séveux, puis doux et floral.

Finale Moyennement long.

NOTE 76

GLENDRONACH

Producteur Allied Distillers
Région Highlands **District** Speyside (Deveron)

L'AMATEUR CURIEUX réussira peut-être encore à dénicher, sur une étagère, le Glendronach Original, vieilli en fûts de bois cru, et une version entièrement vieillie en fûts de sherry, tous deux de 12 ans d'âge. Les méthodes de vieillissement sont indiquées sur les bouteilles, et c'est intéressant de comparer – même si la seconde, en fûts de sherry, est aujourd'hui abandonnée, la compagnie estimant qu'elle donne trop d'arômes de sherry. Actuellement, les deux versions ont été remplacées par le Glendronach Traditional, censé marier les qualités des deux. La plus grande partie de ce que l'on trouve dans la bouteille a été vieillie dans le bois cru, et le reste dans des fûts de sherry. Par bois cru, on entend du bois qui a déjà été utilisé pour le scotch, bien qu'il ait pu, auparavant, servir pour le bourbon ou le sherry. En bouche, le Traditional est légèrement plus souple et plus doux que l'Original, sans ce goût de caramel ni la couleur foncée de la version « sherry ». La distillerie Glendronach, à Forgue, à l'est de Huntly, se trouve au sud du Deveron, et sur les marges du Speyside. Fondée en 1826 et achetée par Teacher en 1960, elle a des planchers de maltage et des alambics au charbon.

Style Velouté, malté ; note de sherry. Digestif.

La distillerie Glendronach, au cœur du fertile Aberdeenshire.

GLENDRONACH TRADITIONAL 12 ans d'âge, 40 % vol.

Couleur Brillant, ambre soutenu. Superbe robe.

Nez Notes douces de sherry, beaucoup de malt, un peu de bruyère.

Corps Relativement plein. Très velouté et légèrement mâcheux.

Bouche Léger, mais influencé par le sherry ; notes de chêne, malt, bruyère et nuance de tourbe.

Finale Long, épicé, sec.

NOTE 76

GLENDRONACH ORIGINAL, 12 ans d'âge, 43 % vol.

Couleur Or.

Nez Sec, touche de sherry et dominante maltée.

Corps Relativement plein. Très velouté et un peu sirupeux.

Bouche Bien équilibré par les notes sèches de bruyère.

Finale Beau développement de saveurs, avec des notes élégantes, fruitées et parfumées.

NOTE 75

GLENDRONACH VIEILLI en fûts de sherry, 12 ans d'âge, 40 % vol.

Couleur Ambre très profond.

Nez Forte dominante de sherry (oloroso ?).

Corps Très riche et luxuriant.

Bouche Bel équilibre du caractère malté et des notes de sherry. Légère douceur de caramel, mais sans rien d'écœurant.

Finale Très long, assez sec.

NOTE 77

GLENDRONACH 18 ans d'âge, 43 % vol.
(Il existe aussi une édition limitée à 19 ans d'âge.)

Couleur Ambre très profond et brillant.

Nez Dominante de sherry, mais aussi des notes sèches de caramel brûlé et une touche de fumée.

Corps Velouté, s'asséchant un peu.

Bouche Les notes sèches de caramel brûlé laissent place à une douceur maltée, puis au sherry.

Finale Long, velouté, chaleureux, avec quelques notes de caramel.

NOTE 79

GLENDULLAN

Producteur United Distillers
Région Highlands **District** Speyside (Dufftown)

MALT SOUS-ESTIMÉ, pas très connu, mais qui vaut la peine. Fournisseur du roi Édouard VII (le fait a été un temps mentionné sur les fûts), Glendullan compte parmi les malts qui entrent dans les blends d'Old Parr, et était autrefois propriété de Macdonald Greenlees – un whisky embouteillé sous ce nom montre une bonne dose de sherry. Le malt embouteillé plus récemment, dans la série Flora and Fauna d'United Distillers, a davantage un caractère de distillerie. Glendullan a été fondée en 1897 et agrandie en 1972.

Style Parfumé, fruité. Digestif.

GLENDULLAN 12 ans d'âge, 43 % vol.
Un malt solide et ample, pour l'après-dîner – ou pour la flasque, en promenade !

Couleur Ambre.

Nez Un peu de sherry ; malté, légèrement parfumé et fruité.

Corps Relativement plein. Velouté, ferme et soyeux.

Bouche Puissant, sec et malté ; développant des notes aromatiques et fruitées.

Finale Ferme, long et chaud.

NOTE 75

GLENDULLAN 12 ans d'âge, 43 % vol., Flora and Fauna

Un début modeste, mais la finale est remarquable. Un malt à déguster.

Couleur Presque blanc, une pointe d'or.

Nez Subtil, sèchement malté. Une touche de fruit.

Corps Équilibré, ferme, soyeux.

Bouche Sec au début, puis malté ; noisetté, parfumé et légèrement fruité.

Finale Extraordinairement long et parfumé.

NOTE 75

GLENDULLAN 22 ans d'âge, 46 % vol., Cadenhead

Couleur Or pâle.

Nez Sec, bien affirmé.

Corps Relativement plein ; il s'assèche sur la langue.

Bouche Beaucoup de douceur et de parfum. Moins bien équilibré que le précédent.

Finale Parfumé et chaud.

NOTE 74

GLEN ELGIN

Producteur United Distillers
Région Highlands **District** Speyside (Lossie)

EN SUIVANT LA JOLIE RIVIÈRE portant le nom de Lossie, lorsqu'on arrive à la ville d'Elgin, on peut bien compter huit distilleries de malt. Celle qui porte le nom de la ville, Glen Elgin, n'en est pas la plus proche, mais elle n'en est tout de même pas bien loin. On trouve d'excellents whiskies dans ce terroir, et celui-ci en fait partie. La distillerie a été fondée en 1898, et reconstruite et agrandie en 1964. Le malt est l'un des composants essentiels du blend de White Horse. Certaines années, la maison embouteille officiellement du single malt Glen Elgin de 12 ans d'âge. Depuis 1991, elle propose un autre malt, lui aussi de 12 ans d'âge, mais sans mention sur la bouteille. Il semble plus clair de robe, avec un nez moins influencé par la fumée, et quelques notes sèches de sherry.

Style Miel et mandarine. Cordial ou digestif.

GLEN ELGIN, sans mention d'âge, 43 % vol.

Couleur Or assez soutenu.

Nez Miel et bruyère.

Corps Relativement léger.

Bouche Floral et sec en attaque, il s'affirme doux, mielleux, fin et malté, et développe un petit goût fruité de mandarine.

Finale Velouté, puis à nouveau plus sec, avec des notes sous-jacentes de fumé et de sherry.

NOTE 76

Autres versions de Glen Elgin

Un Cadenhead de 22 ans d'âge, de 50,1 % vol., exhibe une couleur or nuancé de vert et déploie un nez puissant de miel et de bruyère, un corps velouté, une bouche douce, de miel, et une finale sèche et fruitée.
NOTE 76

GLENESK

Producteur United Distillers
Région Highlands **District** Eastern Highlands

Bien que ce single malt frais, élégant et léger soit diffusé sous l'étiquette de la distillerie, il n'est pas facile à dénicher. Il entre depuis toujours dans le blended whisky VAT 69, embouteillé à South Queensferry, près d'Édimbourg, par William Sanderson. La distillerie se trouve à l'embouchure de la South Esk, à Montrose. Autrefois, c'était une filature de lin, mais on l'a consacrée au malt en 1897. Elle a été reconvertie pour produire du whisky de grain au moment de la Seconde Guerre mondiale, puis elle est retournée au malt dans les années 60, et elle a été agrandie quelques années plus tard. Elle est « temporairement » fermée depuis 1985. Malgré ses infidélités, elle a vraiment l'aspect d'une distillerie de malt d'antan. Les séchoirs à malt fonctionnent toujours.

Style Frais, élégant, sec. Apéritif.

GLENESK 12 ans d'âge, 40 % vol.

Couleur Or

Nez Sec et malté. Aromatique. Équilibré par une douceur modérée.

Corps Relativement léger, souple et velouté.

Bouche Souple et plaisant. Sec et malté, équilibré par des notes douces modérées.

Finale Une dominante maltée, sèche et aromatique donne à ce malt élégant et frais un caractère original.

NOTE 66

GLENFARCLAS

Producteur J. and G. Grant
Région Highlands **District** Speyside

SUPERBES MALTS, et dans une variété inhabituelle d'âges. Les spécialistes classent le Glenfarclas parmi les trois ou quatre grands de cette partie – la meilleure ! – du Speyside. Il compte parmi les représentants robustes du district, bien qu'il ne soit pas le plus lourd. Il est en outre fortement, mais joliment, marqué par le sherry. Sous ces deux aspects, il est moins affirmé que le Macallan, auquel on l'a souvent comparé. On peut dire qu'il est du type fort et silencieux : belle stature, couleur foncée et corps bien ferme, mais cherchant à laisser percer une douceur intime. Il est le bienvenu à tout moment de la journée, mais surtout après le repas.

Glenfarclas signifie « vallée de l'herbe verte ». La distillerie se trouve à environ 1 mile de la Spey, près d'un élevage de moutons ; elle s'ouvre sur les collines de bruyère qui jouxtent le Ben Rinnes, d'où lui vient l'eau qu'elle utilise. On cultive l'orge alentour, et la distillerie était autrefois partie intégrante de la ferme. Le site, connu sous le nom de Glenfarclas ou de Rechlerich, est à deux pas du village de Marypark, dans la région de Ballindalloch.

La distillerie est grande et prospère, mais elle ne fait partie d'aucun groupe. C'est une propriété familiale, appartenant aux Grant – qui n'ont aucun rapport, si ce n'est très lointain, avec les autres Grant du monde du whisky. C'est la plus indépendante des distilleries écossaises. Elle a été fondée en 1836, et elle demeure entre les mains de la même famille depuis 1865. Les bâtiments sont modernes, et les alambics sont les plus gros du Speyside. Une bonne partie du whisky est vieilli dans des fûts de sherry de premier remplissage, et le reste dans du bois cru ou dans des fûts de sherry de deuxième remplissage.

Style Puissant, malté ; chêne, sherry. Digestif.

La signature de Glenfarclas a toute l'élégance et le style fleuri d'une tradition ancienne.

GLENFARCLAS, sans mention d'âge, 60 % vol.

Connu sous le nom de Glenfarclas 105 % vol. (qui correspond à une ancienne mesure britannique), c'est le single malt le plus fort que propose la distillerie. Bien qu'il n'ait plus d'indication d'âge, il s'agit d'un 8 ans ou d'un 10 ans. C'est bien jeune pour un malt si corpulent, mais il a le muscle de son degré élevé – qui est d'ailleurs proche de celui du fût !

Couleur Bronze

Nez Ample et sans complication ; raisin sec, butterscotch (confiserie à base de sucre brun et d'un sirop de céréale) et toffee.

Corps Plein et lourd.

Bouche Très doux ; un riche nectar !

Finale Long, avec la chaleur du degré. On peut le boire en accompagnement d'une bonne tranche de cake aux fruits bien anglais ! Il vaut aussi pour sa personnalité, sa belle et insolente jeunesse.

NOTE 88

GLENFARCLAS 10 ans d'âge, 40 % vol.

Élégant et assez sec pour un Glenfarclas.

Couleur Bronze.

Nez Ample, avec un peu de la douceur du sherry, mais aussi des notes sous-jacentes de fumé.

Corps Très ferme.

Bouche Sec et mâcheux en attaque, il révèle une belle palette de saveurs et d'arômes.

Finale Doux et long.

NOTE 86

GLENFARCLAS 12 ans d'âge, 43 % vol.

Pour beaucoup d'amateurs, le Glenfarclas tel qu'en lui-même.

Couleur Bronze.

Corps Ferme, légèrement huileux.

Nez Assez sec ; vif et ample en attaque.

Bouche Envolée de saveurs ; notes de tourbe et de fumée.

Finale Longue, avec des notes de chêne malgré sa relative jeunesse.

NOTE 87

GLENFARCLAS 15 ans d'âge, 46 % vol.

Beaucoup d'amoureux trouvent que ce 15 ans d'âge illustre le plus joliment toute la complexité de ce malt. C'est sans doute le mieux équilibré des Glenfarclas.

Couleur Ambre.

Nez Beaucoup de sherry ; notes de chêne et de malt et une pointe de fumé – tous les éléments d'un beau bouquet varié !

Corps Ferme, arrondi.

Bouche Affirmé, et là encore joliment fondu.

Finale Long et velouté.

NOTE 88

GLENFARCLAS 17 ans d'âge, 43 % vol.

Couleur Ambre soutenu.

Nez Dominante de sherry. Légère note parfumée de fumée. Chêne.

Corps Ferme et arrondi.

Bouche Ferme en attaque. Envahi par des notes onctueuses de beurre en milieu de bouche, il est ensuite sec et fruité.

Finale Nuance de chocolat amer.

NOTE 88

GLENFARCLAS 21 ans d'âge, 43 % vol.

Couleur Ambre.

Nez Dominantes assez marquées de sherry et de fumé, et une belle bouffée de chêne. Ces notes émergent lentement et distinctement.

Corps Puissant, ferme.

Bouche Gamme très riche, se développant puissamment.

Finale Remarquablement long, bien marqué par le sherry et devenant plus doux et très parfumé.

NOTE 89

GLENFARCLAS 25 ans d'âge, 43 % vol.

Il a davantage de tout ! Peut-être un peu boisé pour les puristes, mais délicieux après le repas pour les autres.

Couleur Ambre foncé.

Nez Acre, séveux.

Corps Ample, avec une texture assez sèche.

Bouche Les saveurs et les arômes sont si fondus que le whisky semble rechigner à livrer son âme. Développement très lent et puissant. Finalement, on distingue tous les composants, mais dans une dimension plus sèche.

Finale Long, séveux, marqué par le chêne. Le grand âge mérite évidemment le respect.

NOTE 88

GLENFARCLAS 30 ans d'âge (1961), 43 % vol.

Couleur Ambre profond, réfractif.

Nez Un peu boisé ; notes de chêne.

Corps Très ferme.

Bouche Noix et chêne.

Finale Séveux ; chêne et tourbe.

NOTE 88

GLENFIDDICH

Producteur William Grant and Sons
Région Highlands **District** Speyside (Dufftown)

LA PETITE VALLÉE ENCAISSÉE, ou *glen*, où coule la Fiddich a donné son nom au single malt le plus vendu dans le monde. La distillerie se trouve, sur la rive de ce cours d'eau, à Dufftown. Et *fiddich*, en gaélique, signifie « cerf » – cet animal est donc l'emblème de la maison.

Le Glenfiddich n'a pas connu, loin de là, un succès immédiat. La distillerie a été fondée en 1886, et elle est toujours dans les mains de la même famille. Pourtant, elle a très tôt embouteillé son whisky en single malt.

Après la Seconde Guerre mondiale, au moment du boom économique, cette petite compagnie familiale a fait face à l'intense concurrence des grands groupes. En 1963, elle a pris le pari de lancer son whisky en single malt hors d'Écosse – ce qui a longtemps été considéré comme une folie par les principaux exportateurs, qui pensaient, dans la routine, que les single malts étaient trop intenses pour les gosiers non écossais.

La clairvoyance et l'obstination de Glenfiddich ont eu raison de toutes les difficultés. Sans cet exemple, bien peu de compagnies rivales se seraient enhardies à risquer leurs single malts sur le marché international. Et c'est pourquoi les amateurs de tous les pays ont une dette envers Glenfiddich.

Cette maison a évidemment connu le succès parce qu'elle était la première, mais aussi, sans doute, parce que le goût de son single malt n'est pas des plus sauvages. Sous sa forme la plus diffusée, le Glenfiddich (sans indication de son âge de 8 ans) est très coulant et agréable. C'est un malt léger et velouté, avec un petit côté fruité. Il est étiqueté « Special Old Reserve ». Mais les amateurs qui sont prêts à d'autres aventures trouveront plus de complexité, pour un prix plus élevé, dans des bouteilles plus belles et des whiskies de 18, 21 et 30 ans d'âge. En 1991, on a embouteillé neuf fûts âgés de 50 ans ; ils ont été vendus 5 000 dollars pièce à Londres, mais l'un d'eux a atteint 70 000 dollars lors d'une vente aux enchères à Milan. A ce bel âge, le breuvage s'est révélé étonnamment rond et chocolaté, et pas trop marqué par le chêne. La compagnie possède également une distillerie ancienne, Balvenie, et une nouvelle, Kininvie. Si le malt qu'elle produit n'est pas très original, la distillerie n'en a pas moins beaucoup de caractère : avec ses pierres grises et ocre, elle a conservé son aspect originel, bien que le succès ait entraîné de nouvelles constructions.

Et elle respecte la tradition en chauffant au charbon ses alambics, de petite taille, et en vieillissant son alcool essentiellement dans le bois cru (10 % de la production va dans des barriques de sherry). Les whiskies vieillis dans différents bois sont assemblés dans le chêne. Par ailleurs, comme le disent avec humour les propriétaires, Glenfiddich « met en bouteilles au château » ! En effet, la distillerie possède une chaîne complète d'embouteillage ; seule Springbank fait de même, avec une chaîne beaucoup plus petite, pour son activité d'embouteilleur indépendant (Cadenhead).

William Grant ne vend plus de whisky destiné à être diffusé en blend sous le nom de Glenfiddich ; il tient à contrôler et à garantir tout ce qui porte le titre. Comme beaucoup d'autres, la maison estime que seul le whisky vieilli selon ses méthodes mérite son étiquette. Toutefois, Cadenhead a diffusé des single malts âgés sous le nom de Glenfiddich-Glenlivet.

Style Apéritif sec et fruité, quand il est jeune ; digestif au goût de raisin sec et de chocolat, quand il est vieux.

La pierre et les toits d'ardoise pentus en forme de pagode : la distillerie de Glenfiddich maintient la tradition.

GLENFIDDICH SPECIAL OLD RESERVE, sans indication d'âge, 40 % vol.

Couleur Très pâle, vin blanc.

Nez Léger, frais mais doux, friand, fruité (poire).

Corps Léger, maigre, ferme, velouté.

Bouche Il s'assèche un peu et développe des saveurs fruitées de poire. Avec un peu d'eau, il libère des nuances de fumée et quelques notes douces et maltées.

Finale Modéré, aromatique.

NOTE 75

GLENFIDDICH CLASSIC, sans indication d'âge, 43 % vol.

Couleur Or soutenu.

Nez Plus souple. Sec et malté ; peau de poire, un peu de sherry et petite nuance de fumé.

Corps Ferme et velouté.

Bouche Velouté. La sécheresse maltée est équilibrée par la douceur modérée, avec de légères notes de fumée. Les saveurs sont étroitement imbriquées.

Finale Velouté, sec.

NOTE 76

Bouteille décanteuse avec son sceau gravé à la main.

GLENFIDDICH 18 ans d'âge, 43 % vol.

Couleur Or soutenu.

Nez Plus souple et plus riche.

Corps Plus souple.

Bouche Beaucoup plus fondu et arrondi, souple et modéré.

Finale Il s'assèche. Une nuance de poire ?

NOTE 78

GLENFIDDICH EXCELLENCE, 18 ans d'âge, 43 % vol.
Cette version semble de couleur plus claire et de nez plus léger que le précédent.

Couleur Or.

Nez Plus souple, plus fleuri.

Corps Très velouté et bien arrondi.

Bouche Fondu, évoluant vers des notes plus douces.

Finale Il dure et dure en s'asséchant.

NOTE 77

Bouteille décanteuse jaspée Wedgwood.

GLENFIDDICH 21 ans d'âge, 43 % vol.

Couleur Or soutenu, un peu plus foncé.

Nez Nuance de sherry ?

Corps Étonnamment plein.

Bouche Complexe, à la fois sec et doux. Les notes sèches sont peut-être plus affirmées, avec une nuance de poire.

Finale Agréable, long.

NOTE 81

On peut encore trouver ce beau flacon décanteur en cristal d'Édimbourg, surmonté d'une tête de cerf argentée, mais il n'est plus produit.

GLENFIDDICH 30 ans d'âge, 43 % vol.

Couleur Or soutenu, mais encore plus foncé.

Nez Notes de sherry, fruit, chocolat et gingembre.

Corps Souple, plein, un peu visqueux.

Bouche Plus de sherry, raisin sec, chocolat, gingembre. Somptueux.

Finale Il s'attarde. Nuance de chocolat et notes sèches de gingembre.

NOTE 86

GLENFIDDICH 30 ans d'âge (1963), 53,1 % vol., Cadenhead

Couleur Entre or et bronze.

Nez Huileux ; bruyère.

Corps Assez plein.

Bouche Doux en attaque, il évolue vers le fruit et le gingembre.

Finale Dominante de gingembre, note de racine ; sec.

NOTE 77

GLEN GARIOCH

Producteur Morrison Bowmore
Région Highlands **District** Eastern Highlands

Situé entre le Speyside et la côte Est, Glen Garioch est le représentant des Highlands dans un trio appartenant à un même propriétaire et produisant d'excellents malts ; les deux autres sont Auchentoshan, des Lowlands, et Bowmore, d'Islay. La distillerie Glen Garioch se trouve sur la route de Banff à Aberdeen, dans une petite ville nommée Old Meldrum, au fond de la vallée du Garioch, et au sein d'une contrée anciennement céréalière. Fondée en 1798, c'est un bâtiment trapu en pierre qui ressemble à une école de village. Elle maintient une haute tradition, avec ses planchers à maltage, mais développe aussi l'innovation, puisqu'elle a cherché à récupérer la chaleur générée par le processus de distillation. Les Glen Garioch de grand âge se distinguent par un style tourbé, évidemment moins affirmé dans les versions jeunes.

Style Bruyère et notes tourbées. Apéritif, ou même, en Écosse, en accompagnement d'une bonne panse de brebis farcie !

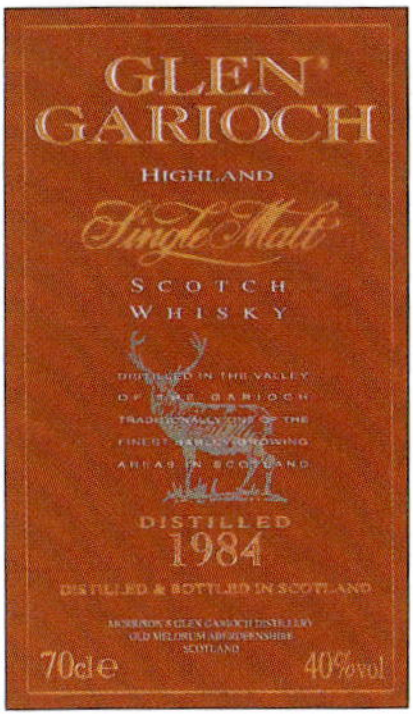

GLEN GARIOCH 1984, 40 % vol.

Couleur Or soutenu.

Nez Parfumé, doux ; bruyère et notes très modérées de tourbe.

Corps Assez plein, velouté.

Bouche Dominantes de malt, de sirop et de raisin sec, évoluant vers des notes plus sèches de bruyère et de tourbe atténuée.

Finale Belle explosion de douceur, de bruyère et d'épice (certains ont distingué la violette).

NOTE 76

GLEN GARIOCH 12 ans d'âge, 40 % vol.

Couleur Bronze.

Nez Parfumé ; feuille et tourbe. Une touche d'oloroso sec ?

Corps Assez plein, ferme.

Bouche Beau mariage de doux (miel et bruyère) et de sec (tourbe et fumée).

Finale Échos des deux éléments. Bref et chaud.

NOTE 77

GLEN GARIOCH 15 ans d'âge, 43 % vol.

Couleur Or soutenu.

Nez Bonne bouffée de fumée de tourbe. Très aromatique.

Corps Assez plein, riche.

Bouche Développement très graduel de notes maltées et sirupeuses, à travers des dominantes de bruyère et de fumée parfumée.

Finale Très long, épicé, chaud.

NOTE 79

GLEN GARIOCH 21 ans d'âge, 43 % vol.

Malt robuste qui gagne à être connu.

Couleur Or pâle.

Nez Nette dominante de fumée.

Corps Relativement plein.

Bouche Beaucoup plus intense, très doux en milieu de bouche et bien arrondi.

Finale Corpulent, avec une dominante de fumée, mais velouté. Une foule de parfums et d'odeurs s'attarde.

NOTE 80

Autres versions de Glen Garioch

Un 17 ans d'âge, de 54,2 % vol., sous l'étiquette de Caskieben, est doux et végétal (feuillage), avec des notes de vanille, mais il n'a pas le côté tourbé. NOTE 75. Des dégustateurs sérieux ont qualifié de majestueux des échantillons vieillis en fût de sherry, goûtés à la Scotch Malt Whisky Society.

GLENGLASSAUGH

Producteur Highland Distilleries
Région Highlands **District** Speyside (Deveron)

« DE LA TOILE À SAC… DU JUTE ! » dit un dégustateur enthousiaste pour qualifier l'arôme de ce malt. Faut-il parler de lin en paille ? Peut-être ! Ou de toile de lin ? Ou de draps propres ? « L'ajonc… le genêt ! » dit un autre… En tout cas, le whisky qui inspire de telles interrogations olfactives a sans doute de l'originalité. On pourrait évoquer l'odeur des dunes de sable, en bord de mer, où s'accrochent l'ajonc et l'herbe rare. La distillerie se trouve sur la côte du Speyside, près de Portsoy, entre la Spey et le Deveron. Fondée en 1875, elle a été achetée par les Highland Distilleries vers 1890, et complètement reconstruite après 1960. Elle a été provisoirement mise en sommeil vers 1985, et il est actuellement difficile de trouver ce single malt. Dans certains pays, il porte la mention 12 ans d'âge. Par le passé, il est entré dans de nombreux blends (The Famous Grouse, Cutty Sark, Laing).

Style Végétal et malté. Cordial ou rafraîchissement.

GLENGLASSAUGH, sans indication d'âge, 40 % vol.

Couleur Or.

Nez Toile de lin fraîche.

Corps Léger, mais ferme et velouté.

Bouche Herbacé, doux.

Finale Modéré ; il s'assèche légèrement.

NOTE 76

GLENGLASSAUGH 1983, 40 % vol., Connoisseurs Choice

Couleur Entre or soutenu et bronze.

Nez Herbe fraîche ; sec ; notes de sherry.

Corps Léger, ferme, légèrement sirupeux.

Bouche Plus sec. Les saveurs et arômes sont étroitement imbriqués, avec des notes d'herbe et de pêche.

Finale Peau de pêche, herbe, sel marin.

NOTE 76

GLENGLASSAUGH 15 ans d'âge, 59 % vol., Cadenhead

Couleur Fino sherry, peut-être même plus clair.

Nez Sel, herbe fraîche, poivre.

Corps Relativement léger. Ferme.

Bouche Herbe fraîche, huile, poivre. Complexe.

Finale Vraiment délicieux, bien affirmé. Poivré.

NOTE 76

GLENGOYNE

Producteur Lang Brothers
Région Highlands **District** Western Highlands

IL FAUT VISITER CETTE DISTILLERIE, à moins de 20 kilomètres du centre de Glasgow, et à une dizaine du loch Lomond. Glengoyne se trouve dans la vallée d'une petite rivière qui va se jeter dans le loch. Les moutons paissent sur les collines, au-dessus, et les ruisseaux dévalent en cascade la forte pente du vallon. On dit que la distillerie a été fondée en 1833 ; autrefois, elle a été appelée « Burn Foot » ou « Glen Guin ». Elle est la propriété des Lang depuis les années 1870, mais cette société familiale est passée sous le contrôle de Robertson and Baxter dans les années 60, ce qui lui a permis d'avoir des liens avec Highland Distillers (dont la filiale, Matthew Gloag, produit The Famous Grouse). Glengoyne est la seule distillerie à insister sur l'utilisation du malt non séché à la tourbe. Ses tirages limités sont particulièrement réussis.

Style Très coulant, mais fort savoureux. Cordial ou digestif.

GLENGOYNE 10 ans d'âge, 40 % vol.

Couleur Or soutenu.

Nez Frais mais souple, chaud et fruité, avec des notes sèches et maltées et une pointe de sherry.

Corps Relativement plein, velouté, arrondi.

Bouche Fin, doux, riche et très agréable.

Finale Encore doux, mais il s'assèche légèrement. Franc, plaisant.

NOTE 74

GLENGOYNE 12 ans d'âge, 43 % vol.

Très proche du 10 ans d'âge. Un peu plus de tout.

NOTE 75

GLENGOYNE 17 ans d'âge, 43 % vol.

Couleur Or soutenu, nuancé d'ambre.

Nez Chaud et sec, malté et fruité. Sherry palo cortado. Cèdre et chêne.

Corps Assez plein, très ferme et velouté.

Bouche Flaveurs profondes. Malt, fruit fin, levure, cèdre, chêne.

Finale Long et marqué par le sherry.

NOTE 77

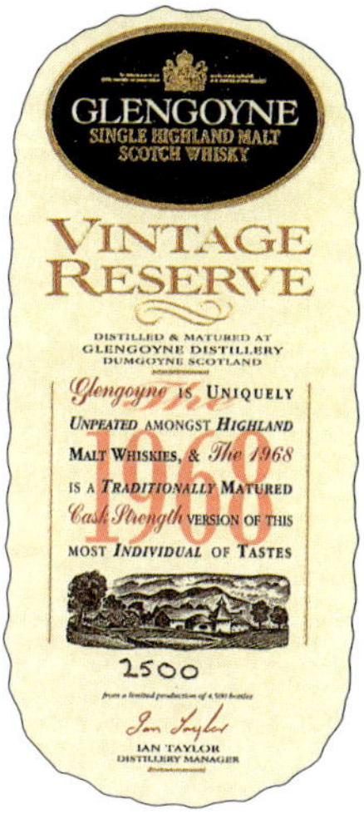

GLENGOYNE 1968, 50,3 % vol.

Couleur Entre or soutenu et ambre.

Nez Arômes bien équilibrés. Sécheresse maltée, influence de sherry et chêne séveux.

Corps Relativement plein. Exceptionnellement velouté.

Bouche Fin, souple, riche et malté, devenant légèrement mâcheux en se fondant dans le sherry.

Finale Long ; dominantes de sherry, notes de gingembre, de chêne séveux.

NOTE 79

GLEN GRANT

Producteur Seagram/Chivas
Région Highlands **District** Speyside (Rothes)

UN DES PLUS GRANDS MALTS, indiscutablement ! Glen Grant est embouteillé et vendu en single malt depuis les toutes premières années de ce siècle. Il était populaire en Écosse longtemps avant que les pionniers, tel Glenfiddich, s'attaquent aux marchés anglais et internationaux. Il compte parmi les single malts les plus vendus au monde, mais surtout dans des versions assez jeunes – et tout spécialement sur le gros marché italien. Il allie un caractère coulant et facile à une certaine distinction, notamment sous la forme du 10 ans d'âge. La version sans indication d'âge est, le plus souvent, un whisky de 8 ou 9 ans. Ces deux malts, et le 15 ans d'âge avec eux, ont été responsables de bien des coups de foudre pour le single. Chez des embouteilleurs indépendants, on trouve des versions plus vieilles, et en particulier aux États-Unis des millésimées sous l'étiquette de Prime Malt. Glen Grant a été fondée en 1840, et une partie des bâtiments d'origine sont toujours debout. La distillerie est construite autour d'une cour ; elle est dotée de tourelles et de pignons, dans le style « écossais seigneurial », qui datent sans doute des années 1880. Une partie des alambics sont chauffés au charbon.

Style Herbacé et noisetté. Apéritif quand il est jeune ; digestif en version vieille et marquée par le sherry.

La distillerie Glen Grant est dans les prés, mais tout près de Rothes, une des villes à whisky de la vallée de la Spey.

GLEN GRANT 5 ans d'âge, 40 % vol.

Couleur Très pâle ; vin blanc.

Nez Léger, sec et fruité, spiritueux.

Corps Léger, un peu poisseux, presque résineux.

Bouche Spiritueux. Alcool de poire.

Finale Fruité, bref.

NOTE 65

GLEN GRANT, sans indication d'âge, 40 % vol.

Couleur Or.

Nez Fruité et floral, pulpeux, modérément spiritueux.

Corps Léger mais ferme.

Bouche Sec, légèrement astringent en attaque, puis souple et friand.

Finale Herbacé.

NOTE 74

GLEN GRANT 10 ans d'âge, 43 % vol.

Le caractère du Glen Grant, mais apparemment sans le sherry.

Couleur Or soutenu.

Nez Encore sec, mais beaucoup plus souple, avec des notes douces.

Corps Relativement léger.

Bouche Un peu doux en attaque, puis pulpeux et très sec.

Finale Très sec, avec des notes herbacées.

NOTE 76

GLEN GRANT 15 ans d'âge, 40 % vol., Gordon and MacPhail

Couleur Ambre assez soutenu.

Nez Quelques notes de sherry.

Corps Relativement léger.

Bouche Sherry, levure ; souple et sec.

Finale Fondu, chaleureux.

NOTE 80

GLEN GRANT 13 ans d'âge, 55,1 % vol., Cadenhead

Couleur Or nuancé de vert.

Nez Sec et floral.

Corps Léger mais ferme, un peu visqueux.

Bouche Doux ; pulpeux.

Finale Sec, nuances de vanille, notes herbacées interminables, avec un côté amer très agréable.

NOTE 76

GLEN GRANT 16 ans d'âge, 46 % vol., Cadenhead

Couleur Fino sherry.

Nez Délicieusement fruité. Pomme au four ? Noisette ?

Corps Relativement léger, souple.

Bouche Noisette, herbe fraîche. Pousse de bambou ?

Finale Herbacé et floral.

NOTE 77

GLEN GRANT 21 ans d'âge, 40 % vol., Gordon and MacPhail

A boire lentement pour saisir sa subtilité et sa profondeur.

Couleur Entre l'ambre soutenu et le rouge.

Nez Beaucoup de sherry.

Corps Assez ample, souple.

Bouche La douceur du sherry en attaque, puis des notes de malt, de végétal et de tourbe, puis ce côté sec et savoureux du Glen Grant.

Finale Interminable et floral.

NOTE 81

GLEN GRANT 23 ans d'âge, 46 % vol., Cadenhead

Couleur Rouge comme une pomme bien mûre.

Nez Puissamment marqué par le sherry. Délicieux.

Corps Assez plein, souple.

Bouche Beaucoup de sherry, mais le bon goût sec du whisky est cependant manifeste.

Finale Terriblement sec. Boisé. Astringent.

NOTE 69

GLEN GRANT 25 ans d'âge, 40 % vol., Gordon and MacPhail
Un peu moins cérébral qu'un bras de fer, mais orné par le sherry.
Une version robuste.

Couleur Foncé.

Nez Beaucoup de sherry.

Corps Assez plein, ferme.

Bouche Le caractère de l'oloroso sec en attaque, puis des dominantes sèches et agréables. Beaucoup de profondeur.

Finale Profond, floral, tourbé.

NOTE 81

GLEN GRANT 26 ans d'âge, 46 % vol., Cadenhead

Couleur Prune bien mûre ? Presque opaque.

Nez Puissante dominante de sherry.

Corps Assez plein, souple.

Bouche Dominé par le sherry.

Finale Astringent.

NOTE 66

GLEN GRANT 1965, 40 % vol., Gordon and MacPhail

Couleur Or très profond.

Nez Délicieuse dominante de sherry ; notes herbacées.

Corps Assez plein, velouté.

Bouche Influencé par le sherry, légèrement crémeux ; joli goût de noisette caractéristique.

Finale Velouté, crémeux, délicieux.

NOTE 82

GLEN GRANT 1964, 46 % vol., Signatory

Couleur Ambre rougeâtre.

Nez Sherry, sec et pulpeux.

Corps Assez plein, velouté.

Bouche Notes de sherry ; pulpeux. Séveux et boisé.

Finale Modérément sec ; touche de sherry et notes boisées.

NOTE 79

GLEN GRANT 1960, 40 % vol., Gordon and MacPhail

Moins de sherry, mais un caractère joliment fondu et bien évolué.

Couleur Ambre assez soutenu.

Nez Quelques notes de sherry.

Corps Assez plein.

Bouche Du sherry et de la douceur. Délicieux et fondu.

Finale Très long et doux ; une sécheresse modérée s'affirme peu à peu.

NOTE 81

GLEN KEITH

Producteur Seagram/Chivas
Région Highlands **District** Speyside (Strathisla)

DANS LA VILLE DE KEITH, sur la jolie rivière Isla, on peut voir deux distilleries, l'une à côté de l'autre. La première a pris le nom du district, Strathisla, tandis que l'autre porte le nom de Glen Keith et s'est établie en 1957, dans les murs d'un ancien moulin. C'est la première à avoir vu le jour en Écosse depuis l'époque, prospère pour le whisky, de la reine Victoria. Elle a inauguré le premier alambic chauffé au gaz et, plus récemment, elle s'est convertie avant les autres à l'informatique. Elle embouteille officiellement son single malt depuis 1994. Comme d'autres issus du même district, le whisky a un caractère sec qui lui vient du bois neuf.

Style Gingembre et racine. Acre. Apéritif.

GLEN KEITH 10 ans d'âge, 43 % vol.

Couleur Or bien affirmé.

Nez Gâteau au gingembre, cèdre et chêne.

Corps Assez plein.

Bouche Doux et mâcheux ; notes de gingembre. Pas très complexe, mais coulant et fort agréable.

Finale Gingembre et fruit, avec un rappel tardif de l'âcreté.

NOTE 73

GLENKINCHIE

Producteur United Distillers
Région Lowlands **District** Eastern Lowlands

GLENKINCHIE SE TROUVE À CÔTÉ du petit bourg de Pencaitland, à 25 kilomètres environ d'Édimbourg, entre les douces et vertes collines de Lammermuir et les plages où le Firth of Forth débouche dans la mer. Elle est construite dans la vallée de la Kinchie, affluent de la Tyne (à ne pas confondre avec la rivière anglaise homonyme), et possède son propre jeu de boules sur gazon ! Tout autour, il y a des prés, et, dans les années 40 et 50, le bétail du propriétaire, gavé à l'orge de la distillerie, a gagné plusieurs concours agricoles. En 1968, les anciennes salles de maltage ont été transformées en musée du whisky de malt, où est exposée une maquette de la distillerie, construite en 1924 par la compagnie Basset-Lowke – surtout connue pour ses machines à vapeur – à l'occasion d'une exposition à Wembley. Glenkinchie a été fondée vers 1830, mais a été en grande partie reconstruite entre les deux guerres. Son whisky a été lancé en single malt en 1988-1989, dans la gamme des « Classic Malts ».

Style Attaque florale, complexe en bouche et sec en finale. Excellent cordial après une promenade dans les collines.

GLENKINCHIE 10 ans d'âge, 43 % vol.

Couleur Or.

Nez Souple, très aromatique et doux. Notes herbacées tendres.

Corps Relativement léger ; un peu visqueux.

Bouche Belle et franche douceur herbacée. Velouté, bien défini ; ample développement des flaveurs.

Finale Apparition de notes épicées : cannelle, gingembre ? Modéré et généreux, de plus en plus sec.

NOTE 76

GLENKINCHIE 21 ans d'âge, 46 % vol., Cadenhead

Couleur Or.

Nez Aromatique.

Corps Relativement léger, souple.

Bouche Doux et herbacé.

Finale Herbacé, aromatique.

NOTE 76

GLENKINCHIE 1974, 40 % vol., Connoisseurs Choice

Probablement embouteillé à plus de 10 ans d'âge, mais le vieillissement supplémentaire ne fait pas une grande différence.

Couleur Or soutenu.

Nez Il évoque la fumée du bois de noyer d'Amérique.

Corps Relativement léger, ferme.

Bouche Doux et herbacé ; doucement fumé.

Finale Long.

NOTE 76

THE GLENLIVET

Producteur Seagram/Chivas
Région Highlands **District** Speyside (Livet)

CE QUE LA GRANDE CHAMPAGNE est au cognac, la vallée de la Livet l'est au Speyside. Le seul whisky à être autorisé à porter l'appellation « The Glenlivet » est aussi, historiquement, le meilleur des single malts du Speyside. L'article défini ajoute encore à la restriction en ce qu'il n'apparaît que sur les embouteillages officiels de la distillerie, donc de son propriétaire, Seagram. Cela constitue sa « marque de fabrique ». En plus, il y a la légende, en petites lettres au bas de l'étiquette : « Distillé par George & J. G. Smith ». Les deux Smith en question étant le père et le fils, fondateurs de la compagnie.

Les embouteilleurs indépendants Gordon and MacPhail se sont fait une spécialité de vintages et de versions plus vieilles, dans une grande variété de degrés alcooliques. On les identifie à leur étiquette différente : « George & J. G. Smith's Glenlivet Whisky ». Leur catalogue évolue selon les disponibilités.

La vallée de la Livet accueille deux autres distilleries de malt, Tamnavulin et Braes of Glenlivet ; la seconde appartient également à Seagram. Dans la vallée voisine, celle de l'Avon, Tomintoul est généralement considérée comme faisant partie de ce district – en tout cas, c'est la même paroisse. Toutes ces distilleries usent du post-titre Glenlivet sur leur étiquette, en rappel de la région d'appellation, et ainsi d'une douzaine d'autres dans le Speyside. Cette pratique, qui est à présent sur le déclin, date de la position d'avant-garde que constituait la référence au Glen dans la production de whisky commercial. Les revendeurs exigeaient des whiskies Glenlivet tout simplement parce que c'était la seule région de production qu'ils connussent.

Tous les malts qui viennent de cette vallée et de ses alentours immédiats sont d'un type élégant et délicat. On dit quelquefois de ces qualités qu'elles sont le style « glen ». Le malt de Braes of Glenlivet n'est pas un single disponible en embouteillage de distillerie. D'autres le sont, comme Tamnavulin, très léger de corps, et Tomintoul, très léger en bouche. Outre ce style général d'élégance et de délicatesse, le Glenlivet possède, en propre, la consistance et la définition.

L'opinion est divisée en ce qui concerne l'explication de sa renommée. Doit-on l'attribuer à son histoire ou à son caractère ? Dans le deuxième cas, il n'y aurait certes pas usurpation. Dans des dégustations à l'aveugle, il se montre lui-même un malt complexe. Il est distillé à partir d'une eau qui possède une certaine dureté, tirée d'un puits à proximité, et d'un mélange de malts plus ou moins tourbés. Un tiers, environ, de la production est élevé dans des fûts de sherry.

De même que l'on dit que les sols de Grande Champagne produisent les meilleurs raisins à cognac, dans la vallée de la Livet jaillissent des eaux qui font les whiskies spécialement délicats. Parmi tous les districts distillateurs, c'est celui qui est le plus enfoncé dans les montagnes. Les eaux y sont granitiques et souvent s'écoulent sous terre pendant des kilomètres. Le climat de montagne apporte aussi aux distillateurs des conditions bien adaptées. Lorsque la distillation est en cours, les condensateurs fonctionnent avec la plus grande efficacité s'ils sont refroidis par une eau à très basse température et dans un climat particulièrement rigoureux.

Cette situation, également, a favorisé la production illicite à une époque où la distillation commerciale était interdite : c'est là encore une raison concourant à la renommée de la vallée. On dit qu'il y aurait eu jusqu'à deux cents alambics frauduleux dans ce pays de montagnes sauvages, autour de la Livet, début du siècle dernier. Le district constitua également un véritable paradis pour les contrebandiers faisant route vers les grandes cités des Midlands ou le Sud.

En ce temps-là, en partie pour cause de pénurie de céréales, mais aussi pour des raisons de ressentiment politique, les habitants des Highlands n'étaient autorisés à distiller que dans la mesure de leurs propres besoins. L'industrie moderne de la distillation ne prit vraiment son essor qu'après que le duc de Gordon eut demandé et obtenu un assouplissement de la loi. L'un de ses fermiers, qui faisait déjà dans la fraude, fut le premier à solliciter une licence en 1824. Ce personnage fort en gueule, appartenant à une famille qui avait milité

*La distillerie Glenlivet dans les années 20, avec les cuves de fermentation (*wash-backs*, ci-dessus), les alambics (*stills*, ci-dessus, à droite) et le remplissage des fûts. Les choses n'ont pas beaucoup changé.*

pour Bonnie Prince Charlie, s'était senti obligé de changer son patronyme très écossais de Gow en celui de... Smith. C'est ainsi que, assisté par son fils John Gordon Smith, qui lui succéda, George Smith créa la distillerie qui s'appropria le nom de « The Glenlivet ».

Mais ce n'est qu'après avoir opéré deux fois en d'autres lieux que les Smith s'installèrent dans cette vallée en 1858. En 1880, un décret d'application garantissait à leur unique whisky l'appellation « The Glenlivet ». La société resta indépendante jusqu'en 1935 et fut acquise par Seagram en 1977.

Non loin du hameau de Glenlivet, la distillerie se dresse en un endroit où déjà la vallée commence à escalader la montagne. Quelques-uns des bâtiments datent des origines. Les bureaux occupent une belle maison de maître des années 20.

Loin de ses montagnes natales, et porté par la puissance de marketing de Seagram, le Glenlivet est devenu le single malt le plus vendu sur le vaste marché américain.

Style Floral, fruité (pêche). Apéritif.

THE GLENLIVET 12 ans d'âge, 40 % vol.

Couleur Or pâle

Nez Remarquablement floral, franc et souple.

Corps Relativement léger, ferme, velouté.

Bouche Floral, notes de pêche et de vanille, bel équilibre entre la douceur et la sécheresse maltée.

Finale Modéré, relativement chaleureux.

NOTE 85

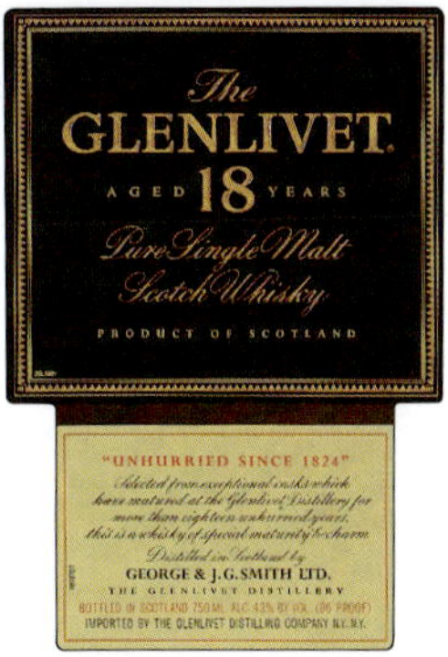

THE GLENLIVET 18 ans d'âge, 43 % vol.

Couleur Or profond.

Nez Arômes floraux profonds, de la douceur et une pointe de sherry.

Corps Ferme et velouté.

Bouche Floral et doux en attaque. Ensuite, montée d'un délicieux goût de noyau de pêche.

Finale Sec, très agréable. Très long, avec une succession de notes douces et amères.

NOTE 87

THE GLENLIVET 21 ans d'âge, 43 % vol.

Couleur Ambre soutenu.

Nez Nette dominante de sherry.

Corps Souple, assez plein.

Bouche Très marqué par le sherry en attaque, avec un caractère d'oloroso. En milieu de bouche, les notes épicées et florales s'affirment avec force.

Finale Là encore, beaucoup de sherry.

NOTE 88

GLENLIVET 15 ans d'âge, 40 % vol., Gordon and MacPhail

Couleur Or soutenu.

Nez Bel équilibre entre les notes florales et la touche de sherry.

Corps Ferme, légèrement huileux.

Bouche Un peu plus affirmé, avec des notes de gingembre et d'épice.

Finale Velouté, aromatique et long.

NOTE 86

GLENLIVET 15 ans d'âge, 46 % vol., Gordon and MacPhail

Couleur Or soutenu.

Nez Bel équilibre entre les notes florales et le sherry.

Corps Vraiment léger pour son âge.

Bouche Affirmé, épicé, pulpeux.

Finale Complexe, fleuri, épicé, long.

NOTE 86

GLENLIVET 21 ans d'âge, 40 % vol., Gordon and MacPhail

Couleur Or soutenu.

Nez Notes de terre ; sherry (fino ou amontillado ?).

Corps Souple.

Bouche Du sherry, puis un bel équilibre de notes florales et épicées. Une touche herbacée, végétale et tourbée de fumée.

Finale Velouté, long.

NOTE 87

GLENLIVET 1961, 40 % vol., Gordon and MacPhail

Couleur Or très soutenu.

Nez Harmonieux, parfumé, complexe, avec une bouffée de fumée.

Corps Souple.

Bouche Marqué par le sherry, avec un beau développement des saveurs et une touche de fumée.

Finale Ample, long et chaleureux.

NOTE 88

GLENLIVET 29 ans d'âge (1963), 52,2 % vol., Signatory

Couleur Or soutenu.

Nez Très floral ; touche de tourbe et de fumée.

Corps Ferme.

Bouche Floral et délicieux ; un peu d'amertume.

Finale Très floral, aromatique et long.

NOTE 87

GLENLOCHY

Producteur United Distillers
Région Highlands **District** Western Highland

LE LOCHY EST LA RIVIÈRE qui coule dans la ville de Fort William, au pied du Ben Nevis. La cité compte deux distilleries ; seule l'une d'entre elles, Ben Nevis, est en activité. L'autre, Glenlochy, a été construite en 1890 et n'a pratiquement pas changé depuis. Elle est passée entre les mains de Distillers Company Limited en 1953, a perdu son arrêt de chemin de fer dans les années 70 et a été fermée en 1983. Elle a été en partie démembrée et ne rouvrira sûrement pas. On peut trouver le whisky chez des embouteilleurs indépendants et, parfois, auprès de la Scotch Malt Whisky Society. Un dégustateur rigoureux (et amateur de voyages) a dit qu'il lui rappelait le haschisch libanais.

Style Tourbé ; corps ferme. A la veillée.

GLENLOCHY 1974, 40 % vol., Connoisseurs Choice

Couleur Or soutenu.

Nez Léger, sec. Fumée et tourbe.

Corps Relativement léger, ferme, huileux.

Bouche Léger en attaque, sec, puis huileux, développant des notes de tourbe.

Finale Tourbé et puissant, mais un peu trop bref.

NOTE 70

GLENLOCHY, 27 ans d'âge, 46 % vol., Cadenhead

Couleur Or pâle.

Nez Léger, sec, herbacé.

Corps Léger et ferme.

Bouche Léger, huileux.

Finale Bref.

NOTE 69

GLENLOCHY 1963, 52,1 % vol., Signatory

Couleur Ambre clair.

Nez Tourbe et chêne.

Corps Ferme.

Bouche Tourbe et chêne, avec quelques notes douces de sherry.

Finale Robuste, mais relativement long.

NOTE 69

GLENLOSSIE

Producteur United Distillers
Région Highlands **District** Speyside (Lossie)

LE BOIS DE SANTAL, LE TROÈNE ? On les trouve parmi les beaux arômes de ce malt maintenant diffusé en single. La distillerie, dans la vallée de la Lossie, au sud d'Elgin, a été construite en 1876, reconstruite vingt ans plus tard et agrandie en 1962. Parmi des reliques du passé, on peut voir une charrette-pompe à incendie. A deux pas se trouve la distillerie Mannochmore, construite en 1971, fermée dans les années 80, mais qui produit à nouveau.

Style Floral, sec et herbacé. Apéritif.

GLENLOSSIE 10 ans d'âge, 43 % vol., Flora and Fauna

Couleur Fino sherry.

Nez Frais. Herbe verte, bruyère, bois de santal.

Corps Relativement léger. Souple et velouté.

Bouche Malté et sec en attaque, il développe ensuite une belle gamme de notes plus douces, parfumées et épicées.

Finale Épicé.

NOTE 76

Autres versions de Glenlossie

Un Gordon and MacPhail 1971, de 40 % vol., est marqué par le sherry mais laisse cependant voir tout le caractère de la distillation. NOTE 76. Un Scotch Malt Whisky Society de 1981, de 55,3 % vol., se situe entre les deux précédents. NOTE 76.

GLEN MHOR

Producteur United Distillers
Région Highlands **District** Speyside (Inverness)

CETTE DISTILLERIE D'INVERNESS, construite en 1892, a été démolie en 1986. Neil Gunn, poète, romancier et chantre du whisky, y a travaillé comme délégué des impôts indirects, et Brian Townsend, dans son ouvrage *Scotch Missed*, explique que c'est à Glen Mhor qu'il pensait quand il a écrit que « tant qu'on n'a pas la chance de tomber sur un malt à pleine maturité, on ne sait pas ce qu'est le whisky ». Car au temps de Gunn, déjà, Glen Mhor était diffusé en single. On trouve encore le whisky chez des embouteilleurs indépendants.

Style Aromatique ; notes de caramel.
A maturité, c'est un alcool voluptueux. Digestif.

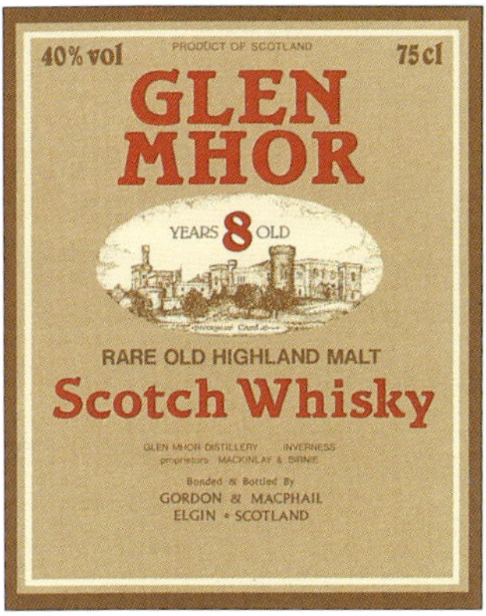

GLEN MHOR 8 ans d'âge, 40 % vol., Gordon and MacPhail

Couleur Or.

Nez Arômes de « confiserie », peut-être d'une douceur toute écossaise, le *treacle toffee* (sorte de caramel au sirop de sucre).

Corps Léger et souple.

Bouche Doux et charnu ; notes sèches de caramel brûlé.

Finale Léger, aromatique, étonnamment rafraîchissant.

NOTE 64

GLEN MHOR 15 ans d'âge, 40 % vol., Gordon and MacPhail

Couleur Ambre.

Nez Doux ; oloroso, sherry.

Corps Léger, souple, velouté.

Bouche Harmonieux : notes de sherry, chaud et pulpeux.

Finale Souple et velouté.

NOTE 66

GLEN MHOR 1965, 40 % vol., Gordon and MacPhail

Couleur Or soutenu.

Nez Floral et doux ; touche de vanille ; épicé.

Corps Souple, légèrement huileux, très velouté.

Bouche Très floral ; charnu. Vanille et réglisse.

Finale Agréable, velouté et chaleureux, long.

NOTE 76

Autres versions de Glen Mhor

Un 14 ans d'âge de Master of Malt, embouteillé à 43 % vol., se révèle frais et floral au nez et à la bouche, avec une finale tout en douceur. NOTE 70. Un 1978, de degré éprouvé (63,2 % vol.), de Gordon and MacPhail, est plus plein et plus épicé (belles notes de réglisse), et arrondi par le sherry. NOTE 77. Un Signatory 1966, de 51,6 % vol., se montre plus doux, plus profond, avec des arômes de réglisse. NOTE 76.

GLENMORANGIE

Producteur Macdonald and Muir
Région Highlands **District** Northern Highlands

C'EST LE MALT LE PLUS VENDU en Écosse, bien que cette maison soit relativement modeste. Glenmorangie s'y est pris de bonne heure, puisque le whisky est diffusé en single depuis les années 20. Il est très agréable à la dégustation – léger, doux, floral et épicé. Un parfumeur français y a détecté pas moins de 26 fragrances, dont l'amande, la bergamote, la cannelle, la verveine, la vanille et la menthe sauvage.

L'eau coule dans le grès et est assez dure. La campagne est couverte de bruyère et de trèfle. La distillation utilise un malt légèrement tourbé et une levure spécifique qui apporte une note d'ester, fruitée. Les alambics sont les plus hauts d'Écosse (5,13 m), ce qui contribue à donner son caractère délicat à l'alcool. La coupe prélevée (*middle cut*) est peu importante.

Le caractère de la version principale, un 10 ans d'âge, doit aussi beaucoup à l'utilisation exclusive des fûts de bourbon. On retrouve le même bois pour le vieillissement de la version single cask diffusée pour la première fois en 1900, qui porte un nom quelque peu alambiqué : « The Native Ross-shire Glenmorangie » – la distillerie se trouve dans le comté de Ross-shire (à Tain).

La même année, cette distillerie a également commencé à diffuser un 18 ans d'âge qui, sur certains marchés, porte un millésime. Il passe les derniers dix-huit mois de son vieillissement dans des fûts de sherry, qui l'arrondissent. En 1993, pour célébrer son cent cinquantième anniversaire, la maison a mis un 21 ans d'âge dans des bouteilles de grès, et a libéré des anciens millésimes qui ont rencontré beaucoup de succès. En 1994, Glenmorangie a diffusé une version ayant passé deux à trois ans en barriques à porto.

Quel que soit le bois, le caractère des malts de Glenmorangie est également forgé par la situation géographique de la distillerie, au bord de la mer, qui donne un léger arôme d'algue. En outre, le vieillissement est adouci par les faibles amplitudes de température propres à la côte.

A l'heure actuelle, toute la production de Glenmorangie est embouteillée en single malt, ce qui est rare en Écosse. Depuis 1918, elle est entre les mains de Macdonald and Muir, également propriétaire de Glen Moray.

Style Subtilement épicé. Apéritif quand il est jeune.
Digestif en version âgée.

GLENMORANGIE 10 ans d'âge, 40 % vol.

Couleur Or pâle.

Nez Épicé (cannelle, noix, bois de santal ?), une certaine douceur florale, de la fraîcheur, une bouffée d'air marin. Séduisant.

Corps Relativement léger, avec une certaine viscosité.

Bouche Épicé et floral ; les notes douces et maltées sont crémeuses, presque onctueuses.

Finale Long et arrondi.

NOTE 80

THE NATIVE ROSS-SHIRE GLENMORANGIE 10 ans d'âge, 57,6 % vol.

(Distillé le 10 juin 1982, embouteillé le 22 octobre 1992.)

Couleur Or pâle, brillant.

Nez Parfumé, salé.

Corps Assez plein, velouté.

Bouche Douceur maltée en attaque, puis des notes de noix, de caramel onctueux, de bois de santal, de sable et de sel.

Finale Robuste, épicé.

NOTE 80

GLENMORANGIE 18 ans d'âge, 43 % vol.

Couleur Ambre rougeâtre soutenu.

Nez Sherry, menthe, noix, sève et chêne.

Corps Assez plein, velouté et charnu.

Bouche Marqué par le sherry et doux en attaque, puis un goût de noix, et enfin un beau pot-pourri de notes épicées.

Finale Aromatique et délicieux ; légèrement boisé (chêne).

NOTE 80

GLENMORANGIE 21 ans d'âge, 43 % vol., Sesquicentennial bottling

Couleur Or profond, huileux – teinte presque moutarde.

Nez Intensément épicé.

Corps Assez plein, charnu.

Bouche Bonbon au caramel (toffee). Très agréable. Goût de noix, puis belle envolée d'épices.

Finale Séveux et marqué par le chêne.

NOTE 85

GLENMORANGIE 1972, 46 % vol., Single Barrel Vintage
(Distillé le 2 octobre 1972, embouteillé le 17 août 1993.)

Couleur Or soutenu, brillant.

Nez Très frais, floral, épicé.

Corps Relativement léger, velouté.

Bouche Velouté, étonnamment léger. Flot de saveurs et de fraîcheur.

Finale Épicé, salé, légèrement sec ; délicieux.

NOTE 85

GLENMORANGIE Port Wood Finish, sans indication d'âge, 47 % vol.

Couleur Bronze, avec une nuance rosée.

Nez Très fruité et vineux.

Corps Vraiment très souple, velouté.

Bouche Le porto élimine, semble-t-il, les nuances de toffee. Il apporte aussi des notes plus douces, vineuses, et se fond harmonieusement avec le côté épicé du Glenmorangie.

Finale Velouté. Calmant et relaxant.

NOTE 87

GLEN MORAY

Producteur Macdonald and Muir
Région Highlands **District** Speyside (Lossie)

C'EST UNE PURE COÏNCIDENCE, mais ces deux distilleries presque homonymes, Glenmorangie et Glen Moray, appartiennent l'une et l'autre à Macdonald and Muir. La première est plus connue, mais son compagnon d'écurie, plus septentrional, voit sa réputation s'améliorer. A l'heure actuelle, la principale version de Glen Moray porte le chiffre « 93 », parce que la société Macdonald and Muir a eu 100 ans en 1993 – mais il s'agit d'un whisky de 12 ans d'âge. La bouteille est vendue dans une boîte métallique décorée aux armes de divers régiments des Highlands. On trouve aussi des bouteilles millésimées d'environ 25 ans d'âge.

A propos de coïncidence, Glenmorangie et Glen Moray étaient toutes deux, autrefois, des brasseries de bière. Moray a été transformée en distillerie en 1897, achetée par Macdonald and Muir vers 1920, et agrandie en 1958.

Style Herbacé, avec des notes d'orge. Apéritif.

GLEN MORAY 12 ans d'âge, 40 % vol.

Peut-être un peu austère pour certains, mais élégant et harmonieux.

Couleur Or très pâle.

Nez Ample, arrondi, frais, herbacé (foin coupé et orge).

Corps Léger, mais velouté et ferme.

Bouche Orge mûre et grasse.

Finale Frais ; végétal (feuilles), notes sèches de farine d'avoine.

NOTE 75

GLEN MORAY 15 ans d'âge, 43 % vol.

Couleur Or.

Nez Franc, sec, parfumé et fruité.

Corps Velouté et ferme.

Bouche Très net ; notes maltées douces ; devient légèrement huileux, avec des notes sèches d'orge.

Finale Complexe : nuances parfumées de feuillage ; notes sèches d'orge ou de farine d'avoine.

NOTE 76

GLEN MORAY 17 ans d'âge, 43 % vol.

Couleur Or.

Nez Parfumé, fruité. Très agréable.

Corps Velouté, un peu arrondi.

Bouche Beaucoup de netteté ; frais et doux en attaque, puis des notes sèches d'orge.

Finale Un peu tourbé. Belle évolution. Long et chaleureux.

NOTE 77

GLEN MORAY 1973, 43 % vol.

Couleur Or pâle, nuancé de vert.

Nez Très doux, mais cependant très bien défini.

Corps Remarquablement souple.

Bouche Très complexe, avec un beau développement de notes douces (orge, malt et chocolat) et épicées.

Finale Légèrement doux et légèrement tourbé. Long et plus que long, avec toute une persistance de saveurs.

NOTE 78

GLEN MORAY 1966, 43 % vol.

Couleur Ambre soutenu.

Nez Agréable, onctueux et séveux. Marqué par le chêne mais frais.

Corps Velouté, souple.

Bouche Sec et pulpeux, doux et malté ; touche végétale de tourbe ; bien équilibré et arrondi. Un malt élégant et sûr.

Finale Douceur et sécheresse – la seconde prend finalement le dessus. Nuance de chêne et de sève. Une note ultime curieusement épicée.

NOTE 79

GLEN MORAY 1964, 43 % vol.

Couleur Or profond.

Nez Floral, onctueux.

Corps Velouté, ferme.

Bouche Charnu, arrondi, herbacé.

Finale Épicé, sec ; un peu séveux.

NOTE 78

GLEN ORD

Producteur United Distillers
Région Highlands **District** Northern Highlands

Ce malt est l'un des principaux composants des blends de Dewar, et il est nettement sous-estimé comme single – mais il a souvent changé de nom, ce qui l'a desservi. La distillerie elle-même s'est appelée, selon l'époque, Muir of Ord, Glen Ord ou simplement Ord. Le single malt embouteillé par la distillerie était autrefois baptisé Glenordie. Maintenant, et, nous l'espérons, pour longtemps, c'est Glen Ord ! Cependant, malgré cette irritante incertitude patronymique, le whisky a de la personnalité ; il est un peu plus marqué par le sherry que les dernières versions de Glenordie.

La distillerie se trouve dans un village, Muir of Ord, sur l'isthme de ce que l'on appelle l'île Noire, près d'Inverness (cette « île » est renommée pour son orge à whisky). Elle possède ses planchers de maltage, et des hangars à tourbe ouverts. Fondée en 1838, elle a été modernisée en 1966.

Style Riche en arômes et en saveurs, arrondi. Digestif.

GLEN ORD 12 ans d'âge, 40 % vol.

Couleur Ambre.

Nez Arrondi, avec une touche de sherry ; notes douces et notes sèches et maltées. Pointe de tourbe.

Corps Relativement plein, souple.

Bouche Légère touche de sherry. Malté et bien dessiné du début à la fin. D'abord le seul goût du malt, puis une douce vague de sucre d'orge (et une note épicée de gingembre ?), suivie par une sécheresse maltée modérée (avec une pointe de tourbe ?). Très harmonieux.

Finale Sec, velouté et épicé. Gingembre.

NOTE 75

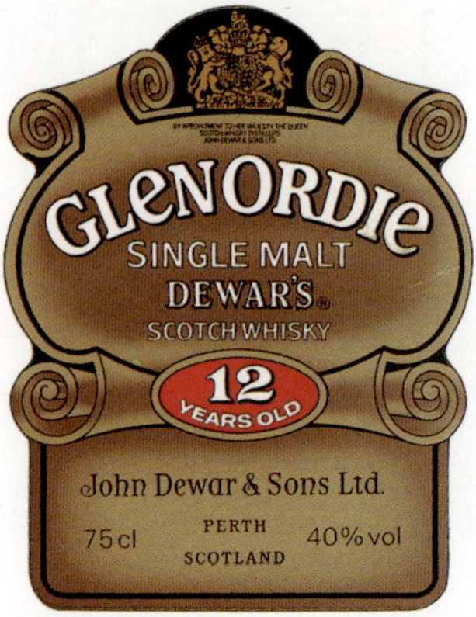

GLENORDIE 12 ans d'âge, 40 % vol.

Couleur Saturé. Or.

Nez Profond. Notes douces et notes sèches maltées ; pointe de tourbe.

Corps Relativement plein, très velouté.

Bouche Malté, bien dessiné. Il évolue vers la douceur, mais reste équilibré par des notes sèches. Très coulant et néanmoins riche en arômes et en saveurs.

Finale Sec, gingembre épicé, velouté.

NOTE 75

ORD 24 ans d'âge, 46 % vol., Cadenhead

Version de 25 ans d'âge ; légèrement plus plein de bout en bout.

Couleur Bronze.

Nez Profond et sec, avec une nuance de tourbe.

Corps Relativement plein, très velouté.

Bouche Malté ; le caractère sec et tourbé émerge très vite.

Finale Tourbé, très long ; quelques notes de sherry.

NOTE 77

GLEN ROTHES

Producteur Highland Distillers
Région Highlands **District** Speyside (Rothes)

LES BLENDERS ESTIMENT ce malt dont le potentiel, en tant que single, n'a jamais été reconnu – on ne sait trop pourquoi ! Glen Rothes (ou Glenrothes, on trouve les deux graphies) est bardé de flaveurs. C'est peut-être pour sa valeur à l'âge assez tendre de 8 ans qu'il est apprécié des blenders – et, précisément, le 8 ans de Gordon and MacPhail, en bouteille teintée couleur sherry, est très précoce. Riche et doux, ce whisky se marie fort bien avec le sherry. Dans les années 90, Berry Brothers and Rudd a fait l'effort de sortir un 12 ans d'âge, et met désormais l'accent sur une version de 15 ans d'âge, millésimée. L'étiquette porte les teintes douces de la tourbe – qui s'exprime aussi dans le breuvage. Est-ce que le caractère tourbé s'affirme avec l'âge, ou est-ce que la distillerie utilisait un malt plus tourbé voilà quinze ans ?

Style Parfumé, doux, épicé et fruité. Digestif.

GLEN ROTHES 8 ans d'âge, 40 % vol., Gordon and MacPhail

Couleur Or soutenu ou ambre.

Nez Confiserie (bonbon à la réglisse).

Corps Relativement plein, sirupeux.

Bouche Rond et crémeux. Doux, avec des nuances de raisin sec, de datte et de réglisse.

Finale Réglisse. Notes sèches de racine.

NOTE 80

GLEN ROTHES 12 ans d'âge, 43 % vol., Berry Brothers and Rudd

Couleur Or soutenu.

Nez Un peu de sherry, dominantes moelleuses d'épices et de fruits (datte confite ? abricot sec ? peau de pêche ?) et touche parfumée de fumée. Très séduisant.

Corps Assez plein, velouté et soyeux.

Bouche Caressant, légèrement malté, avec des touches modérées de sherry, de raisin sec et de réglisse. Très complexe. Il s'ouvre avec un peu d'eau.

Finale Épicé, velouté ; il s'assèche sur la fin.

NOTE 81

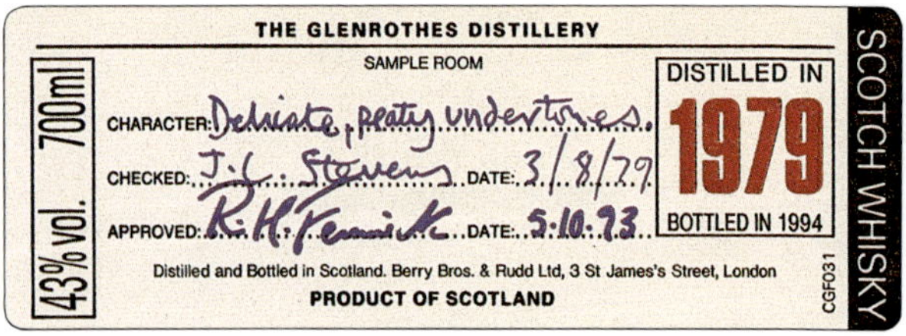

GLEN ROTHES 1979 (embouteillé en 1994), 43 % vol., Berry Brothers and Rudd

Couleur Or bien soutenu.

Nez Délicate nuance de tourbe (comme le promet l'étiquette).

Corps Velouté et soyeux lui aussi, mais plus léger.

Bouche Réglisse. Les arômes et les saveurs se développent superbement. Caractère bien épicé. Notes de fruit sec et de tourbe.

Finale Épicé, long, sec.

NOTE 82

GLEN SCOTIA

Producteur Gibson International
Région Campbeltown

PARMI LES RÉGIONS À MALT, celle de Campbeltown est un peu oubliée. Pourtant, elle produit des single extraordinaires et originaux, bien qu'elle ne compte que deux distilleries. Celle de Glen Scotia exprime avec fraîcheur et force le caractère de cette presqu'île perdue dans les brumes. Fondée en 1832, elle est hantée, dit-on, par le fantôme de l'ancien propriétaire, qui s'est suicidé en se jetant dans le loch. Elle a fermé vers 1985, mais a rouvert quelques années plus tard. Avec Littlemill, dans les Lowlands, elle a été commanditée par une société de whisky canadienne, Gibson International, qui a procédé à une restructuration conjointe des deux distilleries, mais qui a conservé le nom.

Le whisky actuellement diffusé en single malt a été distillé avant la fermeture (celui produit après n'est pas encore à maturité). Il est coulant quand il est jeune et vif.

Style Frais, salé. Apéritif, ou avec des mets salés.

GLEN SCOTIA 14 ans d'âge, 40 % vol.

Couleur Or soutenu, réfractif.

Nez Aromatique, huileux, saumâtre, ample.

Corps Léger quand il touche la langue, ce whisky gagne rapidement en dimension, s'affirmant huileux et velouté.

Bouche Sec et malté, huileux, salé. Il met en appétit.

Finale Très long et puissant.

NOTE 87

Autres versions de Glen Scotia

Un 12 ans d'âge, de 55,8 % vol., de James MacArthur, est velouté et arrondi, avec une bonne finale salée. NOTE 86. Un 16 ans d'âge, de 57,6 % vol., de Cadenhead, est plus souple, avec des saveurs plus pleines, plus salé aussi et plus long. NOTE 88.

GLEN SPEY

Producteur IDV/Justerini and Brooks
Région Highlands **District** Speyside (Rothes)

GLEN SPEY APPARTIENT à la même écurie que Knockando et The Singleton, plus connues, et que Strathmill, plus obscure. Le propriétaire est Justerini and Brooks – le célèbre blend «J & B». Le Justerini en question, originaire de Bologne, distillait et commerçait dans le vin. La maison Justerini and Brooks, fondée en 1749, est d'ailleurs un grand commerce de vin de Saint James, à Londres. Depuis plusieurs années, elle est entrée dans un groupe international, IDV, qui comprend aussi le gin Gilbey et la vodka Smirnoff.

La distillerie Glen Spey a été construite en 1884, et achetée en 1887 par Gilbey. Son whisky entre dans les blends et apparaît de temps en temps, sur certains marchés, en single malt.

Style Léger, herbacé, savoureux. Apéritif.

GLEN SPEY 8 ans d'âge, 40 % vol.

Couleur Or.

Nez Léger, parfumé.

Corps Assez ample ou relativement léger.

Bouche Aromatique, touche modérée de tourbe ; goût d'herbe fraîche et de levure.

Finale Léger ; il s'assèche.

NOTE 73

GLENTAUCHERS

Producteur Allied Distillers
Région Highlands **District** Speyside

CETTE DISTILLERIE A ÉTÉ construite en 1898, et rebâtie en 1965. Son malt est embouteillé en single par différents indépendants, et récemment par Gordon and MacPhail.

Style Sec ; goût médicinal. Apéritif.

GLENTAUCHERS 1979, **40 % vol., Gordon and MacPhail**

Couleur Entre or soutenu et bronze.

Nez Touche de sherry ; légèrement phénolique.

Corps Relativement léger. Velouté.

Bouche Touche de sherry, douceur maltée, caractère fruité (raisin sec et pomme), clou de girofle.

Finale Sec ; clou de girofle, épices, puis une pointe de quinine.

NOTE 72

GLENTAUCHERS **17 ans d'âge, 46 % vol., Cadenhead**
(Distillé en 1965, embouteillé en 1982.)

Couleur Vin blanc clair.

Nez Léger ; douceur mariant le malt et le fruit, ou peut-être des notes sèches, phénoliques, évoquant le clou de girofle.

Corps Léger mais velouté.

Bouche Il semble léger en attaque, mais affirme sa puissance. Malté, mais le caractère sec reste présent.

Finale Très sec, long, chaleureux.

NOTE 71

GLENTURRET

Producteur Highland Distillers
Région Highlands **District** Midlands

CETTE DISTILLERIE SE PRÉTEND la plus ancienne d'Écosse ; c'est en tout cas l'une des plus petites ; elle produit des single malts de grande classe dans une large gamme d'âges et de degrés alcooliques. On a trace de l'existence d'une distillerie, à proximité de ce site, au moins dès 1717, et certains bâtiments de Glenturret datent de 1775. La distillerie a été démantelée vers 1920, puis ressuscitée en 1959 par les soins d'un passionné, James Fairlie ; le fils de celui-ci, Peter, la dirige toujours, bien qu'elle ait été rachetée en 1981 par Cointreau, qui a établi des liens avec Highlands Distillers. Cette dernière société a pris le contrôle de Glenturret en 1990.

Dans une vallée profonde, au milieu des champs et des collines boisées, la distillerie se dresse sur les bords de la Turret, près de Crieff, dans le Perthshire. Au temps où la distillation était illégale, l'endroit a pu être propice à la production clandestine. Aujourd'hui, Glenturret a gardé son pittoresque, et les touristes y affluent.

Style Sec, agréable, frais. Apéritif quand il est jeune, ou digestif.

GLENTURRET 8 ans d'âge, 40 % vol.

Couleur Clair ; fino sherry.

Nez Doux, malté, frais.

Corps Léger et velouté.

Bouche Malté, crémeux.

Finale Étonnamment long et très vif.

NOTE 76

GLENTURRET 10 ans d'âge, 57,1 % vol. (100 proof)

Couleur Vin blanc ; brillant.

Nez Caractère malté appétissant, avec notes de caramel.

Corps Ample et souple.

Bouche Toffee, notes de grillé ; très puissant.

Finale Pulpeux, presque juteux.

NOTE 77

GLENTURRET 12 ans d'âge, 40 % vol.

Couleur Or pâle.

Nez Floral et sec.

Corps Relativement léger. Velouté.

Bouche Délicieux. Sec en attaque, puis une douceur maltée et des notes de vanille.

Finale Doux et sec. Très agréable.

NOTE 75

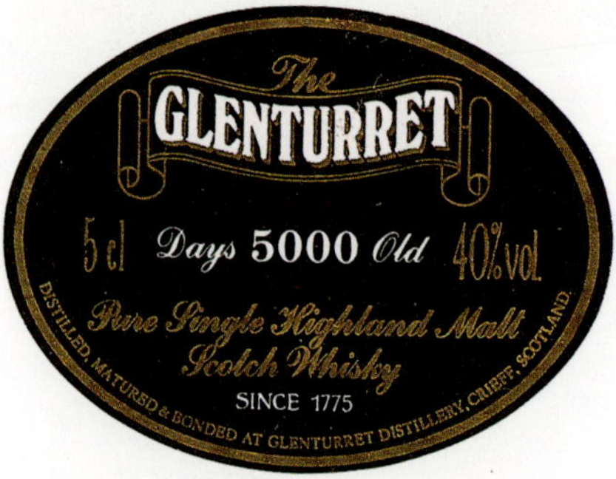

GLENTURRET 5 000 jours d'âge, 40 % vol.

Couleur Or soutenu

Nez Doux, avec un peu plus de profondeur.

Corps Relativement léger, velouté.

Bouche Riche. Notes de raisin sec et bon goût malté, crémeux.

Finale Long.

NOTE 75

GLENTURRET 15 ans d'âge, 40 % vol.

Ce malt délicieux est très joliment équilibré.

Couleur Or soutenu.

Nez Profond, avec notes de malt et de chêne.

Corps Assez plein, mâcheux.

Bouche Malté, parfumé ; notes de grillé.

Finale Crémeux, velouté, flamboyant.

NOTE 81

GLENTURRET 15 ans d'âge, 50 % vol.

Couleur Or soutenu.

Nez Très floral, avec des notes de tourbe et de chêne.

Corps Assez ample, velouté, devenant mâcheux.

Bouche Notes de malt, de pain grillé et de fleur. Pulpeux, très parfumé. Certains dégustateurs y décèlent la fleur de sureau.

Finale Velouté et flamboyant. Très long ; superbe développement.

NOTE 82

GLENTURRET 1972, 43 % vol.

Couleur Or soutenu, avec une certaine profondeur.

Nez Profond ; notes de malt, pulpeux, avec un peu de sherry.

Corps Assez ample, arrondi.

Bouche Très complexe ; tous les composants sont joliment imbriqués.

Finale Délicieux, riche, puissant.

NOTE 90

GLENTURRET 1967, 50 % vol.

Ce malt énorme est un délice pour les amateurs de whisky fortement marqué par le sherry. Étant donné son millésime et son degré, c'est peut-être même celui qui a le plus ce caractère de sherry.

Couleur Ambre rouge profond.

Nez Riches arômes de sherry.

Corps Plein, légèrement liquoreux, mais sans excès.

Bouche Très influencé par le sherry.

Finale Souple, riche, chaud, long.

NOTE 86

GLENTURRET 1966, 40 % vol.

Couleur Or soutenu, nuancé de brun rougeâtre.

Nez Chêne séveux, tourbe et notes florales.

Corps Plein, ferme, velouté.

Bouche Très savoureux, ferme, devenant mâcheux, mais demeurant tout de même doux.

Finale Sec ; chêne et tourbe, avec une ultime note florale.

NOTE 91

GLENUGIE

Producteur Whitbread/Long John
Région Highlands **District** Eastern Highlands

Ce malt bien typé n'a jamais été officiellement embouteillé en single, bien qu'on puisse encore le trouver chez certains marchands. Il a beaucoup de caractère, mais les différents éléments ne sont pas très harmonieusement équilibrés. Il n'est plus produit, puisque la distillerie a fermé en 1982 et que le matériel a été démantelé.

C'est dans le port de Peterhead, encombré de chantiers navals, là où l'Ugie se jette dans la mer, que se trouvait la distillerie, tout près des vestiges d'un ancien village de pêcheurs. Il y en avait eu une plus ancienne, vers 1830, mais elle avait été transformée en brasserie. Les bâtiments actuels, toujours debout, mais utilisés pour une autre activité, datent de 1875. En dernier lieu, la maison était dirigée par Long John, filiale de Whitbread.

Style Doux, fruité, médicinal, fumé. Pour la veillée.

GLENUGIE 1966, 40 % vol., Connoisseurs Choice

Couleur Or brillant.

Nez Fruit mûr. Fino sherry ? Notes phénoliques de fumé.

Corps Souple, assez plein, velouté, un peu sirupeux.

Bouche Puissant, avec une douceur de miel en attaque, puis une dominante de gingembre, avec quelques notes de sherry légèrement soufrées. Beaucoup plus doux avec un peu d'eau.

Finale Sec, agressif.

NOTE 70

GLENURY ROYAL

Producteur United Distillers
Région Highlands **District** Eastern Highlands

CETTE DISTILLERIE SE TROUVE SUR LA CÔTE EST, au sud d'Aberdeen, près du port de pêche de Stonehaven. Elle tire son nom de la vallée (*glen*) qui traverse le district d'Ury. Son fondateur, le capitaine Robert Barclay, était le député local (Member of Parliament), et aussi un bon athlète. Il avait une amie à la cour, qu'il nommait pudiquement Mrs Windsor, et grâce à laquelle il obtint du roi Guillaume IV l'autorisation de qualifier Glenury de « Royal ». Fondée en 1825, la distillerie a été reconstruite en 1966. On peut trouver le whisky bon et honnête malt des Highlands, bien qu'il n'ait jamais été très diffusé en single malt. Il a un style très spécifique, sec et fumé. Il est assez léger, mais n'en est pas moins très riche en bouche. Il entre dans les blends d'une petite société, John Gillon, filiale de Distillers Company Limited, aujourd'hui devenue United Distillers. La distillerie a interrompu son activité en 1985.

Style Aromatique, huileux. Apéritif ou à la veillée.

GLENURY ROYAL 12 ans d'âge, 40 % vol.

Couleur Bronze.

Nez Aromatique, sec, fumé.

Corps Relativement léger, ferme.

Bouche Goût de pain grillé ; sec et malté, puis notes de fumé.

Finale Fumé, avec une nuance douce de beurre et de miel. Très long.

NOTE 76

GLENURY ROYAL 13 ans d'âge, 46 % vol., Cadenhead

Couleur Or pâle.

Nez Sherry – malgré la couleur. Sec et aromatique.

Corps Léger, légèrement huileux.

Bouche Doux, goût de toast, devenant sec. Touche de fino sherry?

Finale Nuance de miel ; chaleureux.

NOTE 75

GLENURY ROYAL 22 ans d'âge, 46 % vol., Cadenhead

Couleur Ambre rouge.

Nez Sherry (oloroso ?), aromatique ; délicieux.

Corps Relativement léger, souple.

Bouche Sherry en attaque, avec une grosse influence d'oloroso, puis de belles notes fumées.

Finale Sherry et fumée ; bien arrondi et agréable.

NOTE 77

GLENURY ROYAL 14 ans d'âge, 43 % vol., Master of Malt

Couleur Fino sherry, ou même plus pâle.

Nez Aromatique ; douceur et aigreur.

Corps Léger, huileux, velouté.

Bouche Doux ; goût de toast ; sec et huileux.

Finale Notes de miel et d'épice.

NOTE 72

HIGHLAND PARK

Producteur Highland Distilleries
Région Highlands **Iles** Orcades

L'ATHLÈTE LE PLUS COMPLET du monde du whisky ! Il a le style des îles, mais en combinant tous les ingrédients d'un single malt classique : le fumé (avec ses propres nuances de bruyère et de miel), le caractère malté, le velouté, la profondeur, la rondeur, la plénitude en bouche et une très longue finale – il est beau de bout en bout. En single malt, il sait bien vieillir ; dans les blends, il joue, dit-on, le rôle de catalyseur, mettant en valeur les arômes des autres malts.

La distillerie se trouve près de Kirkwall, chef-lieu des îles Orcades, et c'est la plus septentrionale d'Écosse. On pense qu'elle a été créée vers 1790. Elle possède ses propres aires de maltage et elle utilise un malt très tourbé. La tourbe est récoltée localement, dans des couches superficielles, et donne ce caractère de jeunesse, avec des notes de racine et de bruyère. Certains malteurs ont cherché ce trait de caractère en jetant de la bruyère sur le feu.

Style Très riche et arrondi. Cordial ou à la veillée.

HIGHLAND PARK 8 ans d'âge, 40 % vol., Gordon and MacPhail

Couleur Or riche.

Nez Fumée et bruyère ; léger.

Corps Assez plein.

Bouche Frais ; fumée, feuillage et sève, avec des notes de beurre.

Finale Onctuosité de miel, mais assez bref.

NOTE 85

HIGHLAND PARK 8 ans d'âge, 57 % vol., Gordon and MacPhail

Couleur Entre or soutenu et bronze.

Nez Fumée, bruyère ; plus onctueux.

Corps Assez plein, légèrement visqueux.

Bouche Frais. Fumé ; beaucoup de feuillage, de miel, de beurre.

Finale Miel (bonbon pour la toux).

NOTE 87

Un 1983, de 59,7 % vol., de Gordon and MacPhail, est très proche, mais il est plus riche en sherry et en chêne séveux. NOTE 88.

HIGHLAND PARK 12 ans d'âge, 40 % vol.

Couleur Ambre.

Nez Fumé, douceur de « feu de joie » ; bruyère ; notes maltées ; touche de sherry.

Corps Assez plein, remarquablement velouté.

Bouche Délicieux : caractère sec et fumé, douceur de miel et de bruyère ; notes maltées.

Finale Vif, délicieux ; notes de bruyère.

NOTE 90

HIGHLAND PARK 14 ans d'âge, 55,2 % vol., Cadenhead

Couleur Brillant, or pâle.

Nez Beaux arômes de fumée.

Corps Assez plein.

Bouche Douceur de miel en attaque ; devenant plus sec, végétal, parfumé.

Finale Malté, mâcheux (comme si on mâchait de la bruyère).

NOTE 87

HIGHLAND PARK 1972, 54,4 % vol., Gordon and MacPhail

Couleur Fino sherry.

Nez Fumé. Légèrement boisé.

Corps Assez plein.

Bouche Sec. Bruyère. Un peu boisé.

Finale Dominante parfumée de fumé ; note boisée.

NOTE 84

HIGHLAND PARK 24 ans d'âge (1967), 43 % vol.

Couleur Ambre.

Nez Miel ; avec des notes douces de fumé sous-jacentes.

Corps Plein.

Bouche Velouté de miel en attaque, puis des arômes et des saveurs plus profonds, et enfin une dominante douce et parfumée de fumé.

Finale Velouté ; miel et léger caractère fruité. Balsamique.

NOTE 93

IMPERIAL

Producteur Allied Distillers
Région Highlands **District** Speyside

On ne trouve ce malt des Highlands à l'ancienne et puissant que chez des embouteilleurs indépendants. Gordon and MacPhail est dorénavant autorisée à le diffuser en single malt. Les versions récentes révèlent un breuvage toujours aussi riche, mais moins tourbé. La distillerie se trouve à Carron, sur la rivière, en face de Dailuaine, avec laquelle elle entretient depuis toujours d'étroites relations. Créée en 1897 et agrandie en 1965, elle a été fermée vers 1985 et rouverte par Allied Distillers.

Style Ample et doux, liquoreux. Digestif ou à la veillée.

IMPERIAL 1979, 40 % vol., Gordon and MacPhail

Couleur Or soutenu, avec une nuance d'ambre.

Nez Un peu tourbé et huileux.

Corps Assez plein, souple.

Bouche Sherry, chêne séveux et vanille en attaque, puis se développe une intense douceur épicée, avec des notes de malt et de céréale. Bel édifice d'arômes vifs et bien dessinés.

Finale Doux, vif, intense.

NOTE 76

Autres versions d'Imperial

Un 14 ans d'âge, de 64,9 % vol., de Cadenhead, est moins marqué par le sherry, mais cependant malté et très doux, avec une nuance de bruyère et de tourbe. NOTE 76.

INCHGOWER

Producteur United Distillers
Région Highlands **District** Speyside

INCHGOWER SE TROUVE PRÈS du port de pêche de Buckie, et son whisky a moins le caractère d'un malt du Speyside que de la côte. Il peut sembler un peu rude, ou même très salé et astringent, quand on recherche la séduction florale et l'élégance propres au Speyside. Mais certains aiment cette rudesse. Un petit verre est en tout cas un vrai plaisir quand on revient d'une promenade en mer ou d'une partie de pêche. Le 12 ans d'âge d'autrefois était un peu plus doux et plus marqué par le sherry que le 14 ans d'âge de maintenant, qui a davantage un caractère de distillerie. Inchgower a été créée en 1871 et agrandie en 1966.

Style Sec et salé. Cordial ou apéritif.

INCHGOWER 14 ans d'âge, 43 % vol., Flora and Fauna

Couleur Or pâle.

Nez Arômes d'épices presque chocolatés, puis notes douces (algues comestibles) – et finalement, bouffée de mer et de sel. Dans l'ensemble, sec et complexe.

Corps Relativement léger. Velouté.

Bouche Doux et malté en attaque, avec un beau développement d'arômes et de saveurs. Il devient ensuite plus sec et plus salé.

Finale Très salé ; il dure délicieusement longtemps sur la langue.

NOTE 76

INCHMURRIN

Producteur William Morton
Région Highlands **District** Western Highlands

INCHMURRIN EST UNE ÎLE MONASTIQUE sur le loch Lomond, et c'est au sud de celui-ci que l'on produit le whisky portant ce nom. La distillerie s'appelle Loch Lomond, et elle élabore aussi un autre malt, l'Old Rhosdhu. Elle réussit à distiller les deux parce que ses alambics sont d'un genre spécial et permettent la production de whiskies de différents poids.

Style Goût médicinal. Cordial.

INCHMURRIN, **sans indication d'âge, 40 % vol.**

Couleur Ambre soutenu (plus foncé que le 12 ans).

Nez Eucalyptus ?

Corps Assez plein.

Bouche Velouté, agréablement huileux. Superbe développement des flaveurs. Eucalyptus. Très inhabituel.

Finale Balsamique, chaud. Après un bain dans le loch Lomond !

NOTE 67

OLD RHOSDHU, **sans indication d'âge, 40 % vol.**

Couleur Ambre.

Nez Parfumé. Un malt somptueux à déguster dans son bain !

Corps Léger.

Bouche Sec, parfumé, épicé.

Finale Essence de wintergreen ? Rectification : plus pour le sauna que pour le bain !

NOTE 65

INVERLEVEN

Producteur Allied Distillers
Région Lowlands **District** Western Lowlands

MALT TRÈS RARE PRODUIT dans l'imposant complexe de distillation de Ballantine, à Dumbarton. Pendant longtemps, la société a utilisé deux séries d'alambics, de *pot-stills*, pour produire du malt destiné à ses blends. Elle obtenait ainsi deux malts, qu'on appelait, sur place, Inverleven et Lomond. Aucun des deux n'a été officiellement embouteillé en single, mais on peut trouver l'Inverleven chez des embouteilleurs indépendants. Depuis peu de temps, la production d'Inverleven a été stoppée, et tout le malt produit à Dumbarton est désormais du Lomond, qui est un alcool plus lourd et plus huileux. Par ailleurs, beaucoup d'autres malts entrent dans les blends de Ballantine, souples mais complexes. On peut espérer que Gordon and MacPhail va embouteiller d'autres versions d'Inverleven.

Style Parfumé, fruité, huileux. A boire avec des noix.

Les imposantes distilleries Ballantine se trouvent sur le bord de la rivière Leven, qui a donné son nom à ce malt peu courant.

INVERLEVEN 17 ans d'âge, 46 % vol., Cadenhead
(Distillé en 1966, embouteillé en 1984.)

Couleur Or.

Nez Sec, délicat, parfumé, herbacé, touche de fumée, bois de cèdre, brugnon ?

Corps Il semble d'abord léger, puis se montre plein et rond.

Bouche Gingembre. Délicieux et mordant.

Finale Fruité ; puissant.

NOTE 67

INVERLEVEN 1979, 40 % vol., Gordon and MacPhail

Couleur Bel ambre assez soutenu.

Nez Sherry ; parfumé et herbacé ; légère touche de fumée et de tourbe.

Corps Assez plein, souple.

Bouche Huileux ; bois de cèdre, herbe fraîche.

Finale Cireux, fruité. Petite nuance de peau d'orange. Long et chaud.

NOTE 71

INVERLEVEN 21 ans d'âge, 46 % vol., Cadenhead

Couleur Or pâle nuancé de vert.

Nez Parfumé et herbacé, avec une touche de brugnon ?

Corps Semble léger en attaque, mais très bien arrondi.

Bouche Orange, gingembre.

Finale Expressive et délicieuse ; notes d'orange.

NOTE 69

JURA

Producteur Invergordon
Région Highlands **Ile** Jura

JURA : ÎLE DE L'ARCHIPEL DES HÉBRIDES, à côté d'Islay. Nombre d'habitants : 225 (dont George Orwell pendant un temps) – et beaucoup plus de cervidés ! L'endroit ne manque pas d'appas avec les deux *paps* (seins) de l'île, deux belles et grosses collines jumelles, et la distillerie de malt.

Cette dernière a été construite, pense-t-on, vers 1810, et remodelée en 1876. Cependant, bien que deux bâtiments anciens soient encore en service, les locaux actuellement utilisés datent de la fin des années 50 ; ils ont été agrandis vers 1970. Pendant une période, Jura a appartenu aux Scottish and Newcastle Breweries, et le whisky entre dans les blends de Mackinlay.

Le malt utilisé est légèrement tourbé, et l'eau coule sur la roche. Les alambics sont à long col et donnent un alcool léger, assez neutre, n'ayant qu'assez peu le caractère des îles.

Style Odeur de pin, un peu huileux, souple, salé. Apéritif.

La fameuse « poitrine » de l'île de Jura, vue depuis Islay.

ISLE OF JURA 10 ans d'âge, 40 % vol.

Couleur Doré.

Nez Huileux, légère odeur de pin ; salé et sec.

Corps Léger, un peu huileux, souple.

Bouche Doux, malté, huileux. Il développe lentement le caractère sec et salé d'un whisky des îles.

Finale Notes douces de malt et un peu de sel.

NOTE 71

ISLE OF JURA 10 ans d'âge, 63,9 % vol., Cadenhead

Couleur Vin blanc.

Nez Parfumé, un peu tourbé, floral et salé.

Corps Léger et souple.

Bouche Douceur maltée ; huileux et floral.

Finale Doux, puis émergence d'un goût floral et salé.

NOTE 71

ISLE OF JURA 20 ans d'âge, 54 % vol. (degré éprouvé), tirage limité

Couleur Doré.

Nez Crémeux, huileux. Il s'assèche.

Corps Plus rond.

Bouche Arômes et saveurs plus étroitement imbriqués, mais émergeant timidement. Notes douces de fleur, de pin, de terre.

Finale Intensément salé et agréable.

NOTE 78

ISLE OF JURA 26 ans d'âge, 45 % vol., Stillman's Dram

Couleur Bel ambre assez soutenu.

Nez Sherry, chêne, sel, malt, un peu de tourbe.

Corps Velouté.

Bouche Marqué par le sherry et très doux en attaque, puis notes douces de citron, saveurs huileuses ; il devient salé.

Finale Légèrement tourbé.

NOTE 78

KINCLAITH

Producteur Whitbread/Long John
Région Lowlands **District** Western Lowlands

Autrefois, il y avait des distilleries de malt un peu partout dans Glasgow, et on en trouvait encore une demi-douzaine dans la première moitié du siècle. Kinclaith a été la dernière construite, en 1957, au sein des distilleries de grain Strathclyde. Elle était la propriété d'une société américaine, Schenley, à travers ses filiales Seager Evans et Long John. Lorsque cette dernière a été rachetée par Whitbread, en 1975, Kinclaith a été démantelée. Toutefois, il y a encore des stocks de whisky chez les embouteilleurs indépendants. Gordon and MacPhail proposent un malt séduisant et souple, peut être bonifié par un peu de sherry. La version de Cadenhead est plus sèche.

Style léger ; goût de melon. Apéritif.

KINCLAITH 1967, 40 % vol., Connoisseurs Choice

Couleur Ambre.

Nez Fumé, un peu de sherry ; légèrement soufré.

Corps Léger, délicat.

Bouche Léger et souple ; goût fruité modéré (melon ?).

Finale Balsamique, délicieux. Melon et sherry.

NOTE 68

KINCLAITH 20 ans d'âge, 46 % vol., Cadenhead

Couleur Très pâle.

Nez Fumé ; caractère phénolique.

Corps Léger et souple.

Bouche Léger. Gingembre. Caractère un peu sec, aromatique. Apéritif.

Finale Léger, sec.

NOTE 65

KINCLAITH 1966, 40 % vol., Connoisseurs Choice

Couleur Bronze.

Nez Fumé.

Corps Léger, très souple.

Bouche Légèrement fruité (melon saupoudré de gingembre ?).

Finale Souple et délicieux ; melon.

NOTE 69

KNOCKANDO

Producteur IDV/Justerini and Brooks
Région Highlands **District** Speyside

KNOCKANDO EST LA DISTILLERIE PORTE-DRAPEAU d'IDV/Justerini and Brooks, et elle produit un whisky de malt assez élégant. Il est embouteillé comme single avec le millésime de la distillation – l'année de mise en bouteille figure aussi sur l'étiquette. Le principe consiste à l'embouteiller quand il est à maturité, et non quand il a atteint un âge donné, ce qui explique ses variations, entre 10 et 15 ans d'âge. Le producteur cherche à offrir un malt à pleine maturité, sans différences majeures entre deux versions, mais simplement des nuances, et avec un caractère plus ou moins floral, malté ou doux. Il existe un whisky plus vieux, Special Selection, et des versions encore plus mûres, Extra Old Reserve.

Le nom de la distillerie signifie « petite colline noire ». L'eau utilisée sort du granit et coule sur la tourbe. Knockando a été bâtie en 1898, et peu remodelée depuis.

Style Élégant, avec notes de petits fruits. Apéritif.

KNOCKANDO 1978 (embouteillé en 1993), 43 % vol.

Couleur Or pâle.

Nez Parfumé. Souple. Framboises à la crème.

Corps Léger mais très velouté. Légèrement crémeux.

Bouche Souple, crémeux, frais. Fruit modéré. Légèrement liquoreux.

Finale Souple. Notes de crème et de toffee. Touche de sherry. Il devient plus sec en s'atténuant doucement et agréablement.

NOTE 76

KNOCKANDO SPECIAL SELECTION, 1976 (embouteillé en 1992), 43 % vol.

Couleur Or relativement pâle.

Nez Davantage d'arômes de framboise et de sherry, et une note modérée de tourbe.

Corps Souple et crémeux.

Bouche Beaucoup plus marqué par la framboise. Il s'assèche, avec une petite pointe de tourbe.

Finale Très plaisant et appétissant.

NOTE 77

KNOCKANDO EXTRA OLD RESERVE, 1968 (embouteillé en 1992), 43 % vol.

Couleur Or assez soutenu.

Nez Étonnamment agressif. Chêne, sherry et fruit.

Corps Relativement léger.

Bouche Framboise, fraise, crème, sherry et chêne. C'est encore un whisky souple, fondu et élégant, mais nettement plus profond.

Finale Une nuance de tourbe, du fruit, une touche de chêne.

NOTE 79

LADYBURN

Producteur William Grant and Sons
Région Lowlands **District** Western Lowlands

Autrefois, ce malt des Lowlands était associé à Glenfiddich et, comme lui, entrait dans les blends de Grant. Cependant, Ladyburn, pour sa part, n'a jamais été considéré comme ayant le potentiel d'un single malt. Il a sans doute une certaine fraîcheur, mais sans prétendre à une quelconque profondeur. La distillerie a été ouverte assez récemment, en 1966, à côté de la distillerie de grain Girvan. Elle a fermé au milieu des années 70, alors que sa voisine continue à produire. La société possède encore des stocks de Ladyburn, mais ce malt est rare comme single et ne se trouve que chez les embouteilleurs indépendants.

Style Parfumé et sec. Apéritif.

LADYBURN 20 ans d'âge, 46 % vol., Cadenhead

Couleur Vin blanc très pâle.

Nez Léger, fruité, sec.

Corps Léger et souple.

Bouche Léger, assez doux, s'affirmant vite parfumé et sec.

Finale Puissant, sec.

NOTE 57

LAGAVULIN

Producteur United Distillers
Région Islay **District** South shore

WHISKY D'ISLAY CLASSIQUE, avec l'attaque la plus sèche de tous les single malts ! Encore plus agressif que ses voisins, Ardberg et Laphroaig, il montre aussi plus de puissance et une complexité plus grande. Il est très sec, depuis le bouquet fort odorant jusqu'à la finale interminable.

Son attaque rappelle le thé Lapsang Souchong. Mais il y a aussi, sous-jacente, une énorme douceur maltée (et il faudrait évoquer le Darjeeling !). Le troisième élément, également généreux, c'est le sherry. Il s'agit d'un whisky énorme, extrêmement raffiné. Certains amateurs estiment que la sécheresse s'exprime le mieux à 12 ans d'âge – et c'était l'âge de la principale version avant qu'elle soit remplacée par le 16 ans d'âge. D'autres pensent qu'à 16 ans l'influence plus grande du sherry donne une symphonie plus complète.

La revue *Decanter* a audacieusement comparé les rapports entre Lagavulin et Laphroaig, sur l'île d'Islay, à ceux de Pétrus et de Cheval-Blanc, dans le Bordelais. Lagavulin, c'est tout naturellement Cheval-Blanc, puisqu'il entre dans les blends de White Horse, dont l'étiquette est ornée d'un étalon immaculé. La distillerie puise son eau dans un ruisseau rapide qui, sans nul doute, charrie beaucoup de tourbe. Les entrepôts sont battus par la mer, et la distillerie dispose d'une jetée.

Lagavulin, en gaélique, signifie « le trou du moulin ». On dit que dans la baie, au XVIIIe siècle, fumaient une dizaine d'alambics clandestins. Il y avait là deux distilleries au début du XIXe siècle ; elles se sont réunies vers 1830.

Style Sec, fumé, complexe. Cordial ou à la veillée.

Lorsque la marée est très haute, la distillerie de Lagavulin a les pieds dans l'eau.

LAGAVULIN 12 ans d'âge, 43 % vol.

Couleur Ambre pâle.

Nez Sel de mer, tourbe, sécheresse intense, sherry.

Corps Plein, arrondi, sirupeux.

Bouche Sec ; fumée, tourbe, sel.

Finale Salé, sec et fumé, avec un beau crescendo. Complexe et immense.

NOTE 89

LAGAVULIN 16 ans d'âge, 43 % vol.

Couleur Ambre plein.

Nez Plus marqué par le sherry.

Corps Plein et velouté.

Bouche La sécheresse est d'abord contrebalancée par les notes douces de sherry. Les pointes salées émergent lorsque la bouche se développe.

Finale Énorme, puissant, tourbé, salé, enveloppant.

NOTE 95

Autres versions de Lagavulin

Un 14 ans d'âge, de 64,7 % vol., de Cadenhead, est d'abord plus sec, mais finit plus doux et se montre moins complexe. NOTE 88. Un autre Cadenhead, de 15 ans d'âge et de 64,4 % vol., est plus léger mais plus salé. NOTE 87.

LAPHROAIG

Producteur Allied Distillers
Région Islay **District** South shore

QU'ON L'AIME D'AMOUR OU QU'ON LA DÉTESTE, la forte personnalité de Laphroaig est toujours un choc, même pour les amateurs de malt les plus endurcis. Le caractère médicinal enchante certains, mais rebute les cœurs faibles. L'un parle de gaze à pansement ! On entend aussi : médicament... bain de bouche ou désinfectant... phénolique... comme du goudron... Mais en tout cas, on reconnaît l'iode et l'algue propres aux whiskies d'Islay. L'attaque fameuse de Laphroaig s'est faite un peu plus douce ces dernières années, dévoilant ainsi davantage la douceur du malt, mais c'est encore un whisky plein de caractère, avec un corps huileux très spécifique.

Laphroaig possède toujours ses champs de tourbe à Islay, et des planchers de maltage bien conservés. Les entrepôts de vieillissement font face à la mer. La distillerie a été construite en 1820 par Johnston, dont le nom figure toujours sur l'étiquette et qui a péri en 1847 en tombant dans une cuve de whisky en fermentation. Davantage de fidèles, sans doute, ont versé une larme, vers 1960, en apprenant qu'une femme, Miss Bessie Williamson, avait racheté la distillerie.

Style Médicinal. A la veillée.

LAPHROAIG 10 ans d'âge, 43 % vol.

Couleur Or plein, réfractif.

Nez Médicinal, phénolique ; algue marine et une nuance de sherry.

Corps Moyen, avec un caractère huileux.

Bouche Algue, sel, huile.

Finale Arrondi et très sec.

NOTE 86

LAPHROAIG 15 ans d'âge, 43 % vol.

Couleur Or pâle.

Nez Plus sec, plus profond.

Corps Relativement plein, avec un caractère huileux, balsamique.

Bouche Attaque trompeuse, douce et influencée par le sherry, mais l'intensité propre à Islay surgit comme une vague.

Finale Rond, sec, long, chaud.

NOTE 89

LAPHROAIG 16 ans d'âge, 57 % vol., Cadenhead

Couleur Or pâle.

Nez Très sec, avec une nuance atténuée de sherry.

Corps Plein, très huileux.

Bouche Très puissant, doux en attaque, puis salé et sec.

Finale Huileux, salé, chaud.

NOTE 81

LAPHROAIG 1974, 55 % vol., Signatory

Couleur Ambre rouge profond, presque fauve.

Nez Intenses arômes d'algue. Légèrement aigre.

Corps Relativement plein. Il s'assèche sur la langue.

Bouche Intense et doux. Sherry, algue. Phénolique. Un caractère très solide, mais un manque d'équilibre.

Finale Sec ; arômes d'algue très prolongés ; chaud.

NOTE 87

LINKWOOD

Producteur United Distillers
Région Highlands **District** Speyside (Lossie)

Ce classique du Speyside, malté et parfumé, éveille des métaphores poétiques chez les dégustateurs. Il a l'élégance et la complexité qu'apprécient les amateurs, bien qu'il n'ait jamais été très à la mode. Il se caractérise par ses notes de sherry très marquées, et le vieillissement en fûts de sherry complète à merveille sa douceur et son parfum. Il existe une version récente sans ce caractère, et le whisky tel qu'en lui-même y est donc plus apparent ; elle fait partie de la série Flora and Fauna d'United Distillers, et elle est incontestablement plus robuste et rude, mais moins complète.

Linkwood se trouve sur la Lossie, près d'Elgin. Créée vers 1820, elle a conservé son aspect traditionnel, malgré les remaniements. Philip Morrice rapporte que la direction a interdit, un temps, d'enlever les toiles d'araignées, pour ne pas perturber l'environnement du whisky.

Style Floral. Eau de rose ? Violette ? Délicieux avec une tranche de cake.

LINKWOOD 12 ans d'âge, 40 % vol.

Couleur Or soutenu.

Nez Doux, caractère de sherry léger mais net, de la profondeur.

Corps Assez plein, arrondi.

Bouche Attaque douce ; développe des notes sèches, un peu fumées.

Finale De plus en plus sec, velouté, solide ; beaucoup de finesse.

NOTE 83

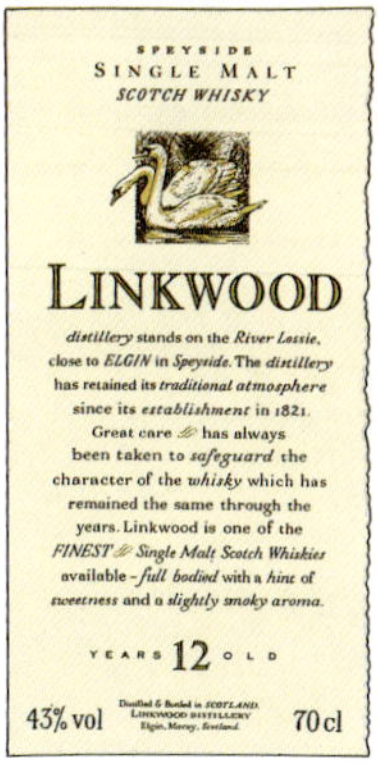

LINKWOOD 12 ans d'âge, 43 % vol., Flora and Fauna

Couleur Très pâle, vin blanc.

Nez Remarquablement floral. L'eau de rose sans le sherry. Parfumé. Franc et doux.

Corps Assez plein, arrondi, légèrement sirupeux.

Bouche Attaque lente. Il se développe peu à peu vers une douceur ample et fraîche, avec des notes de rose. A savourer.

Finale Parfumé, un peu fumé, long.

NOTE 82

LINKWOOD 14 ans d'âge, 58,5 % vol., Cadenhead

Couleur Châtaigne.

Nez Dominante de chêne, huileux, notes de sherry.

Corps Assez plein, velouté. Il s'assèche sur la langue.

Bouche Chêne, sève, sherry, amande, pâte d'amande, violette.

Finale Chêne, sève, sherry, épices.

NOTE 83

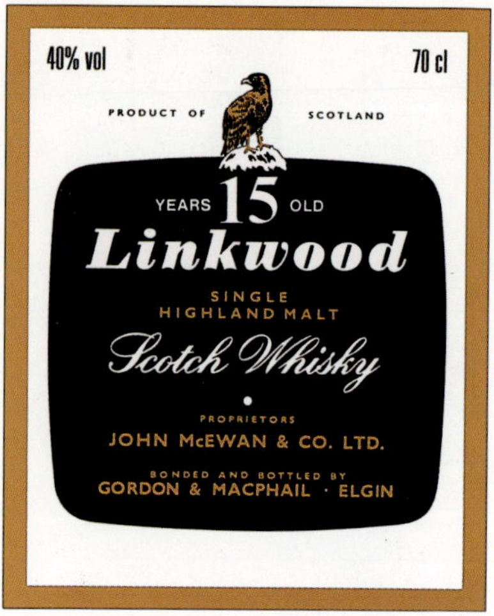

LINKWOOD 15 ans d'âge, 40 % vol., Gordon and MacPhail

Couleur Entre or soutenu et ambre.

Nez Intensément floral. Rose et violette.

Corps Assez plein. Il s'atténue légèrement.

Bouche Florale. Rose, violette, amande, pâte d'amande.

Finale Légères touches de chêne. Il s'assèche un peu.

NOTE 84

LITTLEMILL

Producteur Gibson International
Région Lowlands **District** Western Lowlands

MALT CLASSIQUE DES LOWLANDS, issu de ce qui est peut-être la plus ancienne distillerie d'Écosse. Beaucoup revendiquent ce titre, mais Littlemill avance la date de création la plus reculée, 1772 ! Elle est attestée pour la première fois en 1817. Elle a été reconstruite en 1875, mais ses bâtiments tapissés de feuillage, à l'allure de cottage, paraissent plus anciens. On y a pratiqué la triple distillation jusque dans les années 30.

Elle se trouve à Bowling, entre Glasgow et Dumbarton. Le single malt typique des Lowlands est léger par son goût, modéré, souple, doux et frais, et celui de Littlemill en est un bel exemple. Le 8 ans d'âge de la distillerie permet d'apprécier toute sa fraîcheur. Les versions plus vieilles sont plus rondes et plus fermes.

Style Souple comme la guimauve ! Cordial, ou peut-être au dessert.

LITTLEMILL 8 ans d'âge, 43 % vol.

Couleur Très pâle, vin blanc.

Nez Guimauve ? Peut-être de la pâte de guimauve sur un toast grillé.

Corps Relativement léger, souple.

Bouche Délicieux, doux et malté, sans rien d'écœurant. A nouveau la guimauve – peut-être saupoudrée de sucre glace ?

Finale Très velouté, un peu sec. Noix de coco ?

NOTE 83

LITTLEMILL 22 ans d'âge, 46 % vol., Cadenhead

Couleur Or pâle.

Nez Plus sec, plus profond, plus aromatique.

Corps Relativement léger, arrondi.

Bouche Doux, mais bien arrondi.

Finale Huileux ; noix de coco.

NOTE 83

LOCHNAGAR

Producteur United Distillers
Région Highlands **District** Eastern Highlands

La reine Victoria appréciait, dit-on, ce malt ; elle en mettait même dans son bordeaux, pour le corser, gâtant du même coup, royalement, deux des meilleurs breuvages qui soient. Elle est venue dans cette distillerie, au pied du mont Lochnagar, dont Balmoral, la résidence écossaise de la famille royale, n'est pas très éloignée.

La première distillerie a été construite sur le site en 1826, par un homme de l'art qui avait probablement fait ses armes dans la clandestinité. Les bâtiments actuels datent de 1845. Trois ans plus tard, la famille royale achetait Balmoral. Le propriétaire d'alors de Lochnagar a adressé une invitation au prince Albert, qui l'a honorée aussitôt. Peu de temps après, la distillerie est devenue fournisseur de la reine, ce qui lui a valu d'être appelée Royal Lochnagar. Elle a été reconstruite, notamment en 1967. Elle a gardé l'aspect d'une ferme, avec un petit musée, et un bar dans l'ancienne étable.

L'eau, qui vient du mont Lochnagar, coule sur la tourbe et la bruyère. Les alambics ont la forme d'un verre à vin retourné, et l'interminable tuyauterie de cuivre est bien astiquée. Le 12 ans d'âge est vieilli dans des fûts de deuxième remplissage, tandis que la moitié de la Selected Reserve va dans des barriques de sherry.

Style Malté, fruité, épicé (cake aux fruits). Digestif.

Lochnagar, qui a repris son ancien titre, « Royal », et offre une nouvelle version, sa Selected Reserve, connaît un beau succès.

ROYAL LOCHNAGAR, 12 ans d'âge, 43% vol.

Couleur Or soutenu.

Nez Ample, avec des notes de fumée.

Corps Relativement plein. Velouté.

Bouche Légèrement fumé, un peu fruité, avec une douceur maltée.

Finale A nouveau, l'alliance de la sécheresse du fumé et de la douceur du malt — la première en attaque, la seconde en contrepoint.

NOTE 80

ROYAL LOCHNAGAR Selected Reserve, sans indication d'âge, 43 % vol.

Couleur Ambre rouge.

Nez Beaucoup de sherry. Épices, gâteau au gingembre.

Corps Ample et velouté.

Bouche Beaucoup de sherry, douceur maltée, pain d'épices, gingembre.

Finale Fumé.

NOTE 83

LOCHSIDE

Producteur Macnab Distilleries
Région Highlands **District** Eastern Highlands

LOCHSIDE, À MONTROSE, était autrefois une brasserie de bière (James Deuchar) ; c'est une distillerie depuis 1957. Elle appartient à un Espagnol depuis 1973, et la plus grande partie du malt entre dans le blend de Destilerías y Crianza, produit en Espagne. Toutefois, l'activité est suspendue depuis 1992.

Style Fruité, sec, assez léger. Apéritif.

LOCHSIDE 10 ans d'âge, 40 % vol.

Couleur Or.

Nez Quelques notes florales.

Corps Relativement léger, souple et velouté.

Bouche Malté en attaque, mais pas particulièrement doux. Un beau crescendo des arômes. Fruité (cassis ?). Il devient sec.

Finale Modéré, pas très long.

NOTE 74

Autres versions de Lochside

Un Gordon and MacPhail 1966, de 40 % vol., est marqué par le sherry, et doux en finale. NOTE 73. Un Signatory 1966, de 43 % vol., est plus sec et légèrement marqué par le chêne. NOTE 71. Un Signatory 1959, de 58,5 % vol., est dominé par le sherry et le chêne. NOTE 72.

LONGMORN

Producteur Seagram/Chivas
Région Highlands **District** Speyside (Lossie)

C'EST L'UN DES GRANDS MALTS du Speyside, apprécié des connaisseurs mais pas très connu. On l'estime pour sa complexité, sa combinaison de douceur et de plénitude, pour son bouquet énorme et sa longue finale, et aussi pour ses notes de malt et de céréale, et son caractère huileux qui évoque la cire d'abeille.

Longmorn a été construite en 1894 ; on peut y voir une ancienne roue à aubes (désaffectée) et une machine à vapeur (en activité !). Elle a été agrandie dans les années 70.

Récemment, les propriétaires se sont mis à diffuser le 15 ans d'âge de manière plus active sur le marché. Espérons que cette politique ne se traduira pas, en fin de compte, par un affadissement du whisky et par un vieillissement écourté.

Style Malté et huileux, il tapisse la bouche. On le boit aussi bien à l'apéritif qu'au dessert.

LONGMORN, 12 ans d'âge, 40 % vol.

Couleur Or soutenu et brillant.

Nez Complexe, ferme.

Corps Ferme, velouté, modéré.

Bouche Délicieuse et fraîche dominante de malt et de céréale. Long et lent développement, vers un beau caractère floral et fruité.

Finale Franc et velouté. Vraiment un malt pour l'apéritif !

NOTE 85

LONGMORN 15 ans d'âge, 43 % vol.

Couleur Or soutenu.

Nez Ample, légèrement huileux, orge maltée, notes florales.

Corps Souple, rond, consistance moyenne.

Bouche Très ouvert ; dominante maltée, fraîche et bien dessinée.

Finale Malté mais sec, pulpeux ; notes de sherry. Très long.

NOTE 87

LONGMORN 19 ans d'âge, 45 % vol., Cadenhead

Couleur Or ou or soutenu.

Nez Céréale, malt, fumée.

Corps Velouté, arrondi, ample.

Bouche Cire d'abeille, huile, céréale, malt et fumée.

Finale Douceur du malt et notes de parfum.

NOTE 88

LONGMORN 1962, 40 % vol., Connoisseurs Choice

Couleur Ambre soutenu.

Nez Très marqué par le sherry.

Corps Ample, rond.

Bouche Le sherry est dominant, mais le goût du whisky est bien là.

Finale Beaucoup de sherry ; ample et chaud.

NOTE 86

LONGMORN 1969, 61,2 % vol., Gordon and MacPhail

Couleur Or soutenu, nuance d'ambre.

Nez Touche de sherry.

Corps Ample, sirupeux.

Bouche Ample et éloquent. Doux en attaque, il devient malté, puis offre des notes de fleur, de bruyère et de tourbe. Certains amateurs le trouveront un peu boisé, mais ce léger défaut est largement compensé par la plénitude des arômes et des saveurs.

Finale Très ample et chaleureux. Étonnamment long.

NOTE 89

THE MACALLAN

Producteur Macallan
Région Highlands **District** Speyside

« La Rolls Royce du single malt » ! Est-ce un compliment pour le whisky ou pour la voiture ? Macallan n'utilise que l'orge la plus fine (*Golden Promise*), de petits alambics (simplement, il y en a beaucoup), et persiste dans le vieillissement en fûts de sherry qui lui a si bien réussi (les fûts d'oloroso sec sont importés pleins d'Espagne). C'est ce qui fait la différence. Dans ce style lourd et marqué par le sherry, The Macallan est fameux et c'est un classique.

A vrai dire, l'image du Macallan réside dans ce vieillissement en fûts de sherry et dans la consistance. Certains disent que le sherry est trop manifeste, mais c'est faux. On trouve des whiskies plus lourdement chargés en sherry, mais aucun n'a la beauté de celui-ci, avec ses arômes complexes de malt, de fumée (atténué), de groseillier à fleurs et de calvados, avec aussi son caractère sec et arrondi, et sa profondeur. C'est un malt énorme et spectaculaire du début à la fin, tout en équilibre et en harmonie.

Même le malt 7 ans d'âge, produit uniquement pour le marché italien, déborde de flaveurs. Le romancier Kingsley Amis, grand amateur du Macallan, estime que le 10 ans d'âge est « *the best glass* » – le meilleur à la dégustation ! En fait, le whisky évolue beaucoup entre 10 et 12 ans. Mais certains préfèrent le 18 ans d'âge. Wallace Milroy, spécialiste du malt, voit dans le 1964 un millésime de légende. Le 1950 pourrait bien lui disputer la palme, avec une bouche tourbée et légèrement huileuse, et une finale spectaculairement longue. Il y a eu beaucoup de tirages spéciaux. En 1993, un 60 ans d'âge a été acheté 6 400 dollars à Osaka, au Japon.

Sur la petite colline qui domine la Spey, près de Craigellachie, où est établie Macallan, on a sûrement fait du whisky depuis la fin du XVIIIe siècle. Un fermier distillait l'orge de ses champs. Une maison datant de cette période a été restaurée pour accueillir des visiteurs – et c'est elle que l'on voit sur les boîtes diffusées par Macallan, qui cherche, sans doute, à se donner une réputation de « malt de château » et à gommer l'image d'une distillerie très fonctionnelle.

La première licence de distillation obtenue par la distillerie date de 1824, c'est-à-dire du tout début de la production légale. En 1892, Macallan a été achetée par la famille qui la dirige encore actuellement et qui possède la majorité dans la société. Celle-ci a été introduite en Bourse dans les années 60, ce qui lui a permis de financer l'immobilisation de gros stocks pour le vieillissement, et son expansion sur une décennie. Chaque agrandissement s'est soldé par l'installation de nouveaux alambics, dont la taille demeure inchangée malgré l'augmentation de la production.

Le Macallan est recherché depuis longtemps par les blenders, pour améliorer leurs whiskies ; cependant, dans les années 60, en single malt, on ne le trouvait encore que dans le Speyside. Dans les années 80, il a été diffusé en Angleterre. A l'heure actuelle, une grosse partie de la production va toujours aux blends, mais on embouteille de plus en plus en single malt. Comme d'autres, la distillerie a essayé de limiter la part des embouteilleurs indépendants. Toutefois, il existe une bonne version, étiquetée « As We Get it » et commercialisée par J. G. Thomson.

Style Corpulent, dominantes de chêne, de sherry, de fleur. Digestif.

THE MACALLAN 7 ans d'âge, 40 % vol.

(Uniquement sur le marché italien.)

Couleur Ambre, brillant.

Nez Sherry, avec des notes sous-jacentes sèches et maltées.

Corps Relativement plein.

Bouche Doux et marqué par le sherry ; le malt et le fruit surgissent derrière.

Finale Agréable. Sherry, malt et beurre. Digestif léger.

NOTE 81

THE MACALLAN 10 ans d'âge, 40 % vol.

Couleur Ambre.

Nez Sherry et beurre, miel et malt. Beaucoup de rondeur et de profondeur, même à ce jeune âge.

Corps Plein, sans rien de sirupeux.

Bouche Beaucoup de sherry, sans être riche. Dominante de malt. Doux.

Finale Agréable. Malt et gingembre. Il devient sec. Nuance de fumée.

NOTE 87

THE MACALLAN 10 ans d'âge, 57 % vol. (100 proof)

Couleur Ambre, soutenu sur les bords.

Nez Plus sec, malgré le sherry. Une bouffée douce d'alcool.

Corps Plein.

Bouche Sherry. Rondeur fruitée et franche. Intense, puissant.

Finale Sherry, fumée, alcool.

NOTE 89

THE MACALLAN 12 ans d'âge, 43 % vol.

Couleur Ambre.

Nez Sherry, miel, notes florales.

Corps Plein, velouté.

Bouche Bouffée de groseillier à fleurs. Davantage de tout.

Finale Un peu plus arrondi.

NOTE 91

THE MACALLAN, distillé en 1975, embouteillé en 1994, 43 % vol.

Couleur Ambre foncé.

Nez Sherry, épices, légèrement fumé.

Corps Plein, arrondi.

Bouche Frais, séveux, note de chêne (comme un calvados). Sherry, épices, groseillier à fleurs.

Finale Notes de chêne, séveux, puissant.

NOTE 94

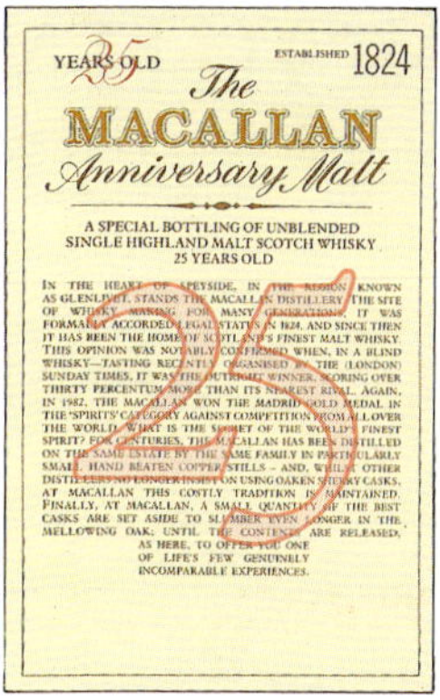

THE MACALLAN 25 ans d'âge, 43 % vol.

Couleur Ambre rouge soutenu.

Nez Le caractère fumé domine les autres éléments.

Corps Plein, ferme, arrondi.

Bouche Le fumé met superbement en valeur la complexité.

Finale Sec, complexe, très long.

NOTE 95

Autres versions de The Macallan

Les embouteilleurs indépendants n'utilisent pas l'article défini « The ». La version « As We Get it », sans indication d'âge, est marquée par le sherry, avec des dominantes de malt et de beurre, mais un peu spiritueuse. NOTE 84. Un Inverallen 1969 (embouteillé au degré du fût) offre une couleur dorée brillante, et se montre moyennement influencé par le sherry, avec beaucoup d'équilibre et de complexité. NOTE 93. Un 30 ans d'âge, de 52,6 % vol., de Cadenhead, est très pâle de robe, joliment floral, avec une nuance de tourbe. NOTE 88. Sans le sherry, ce n'est plus The Macallan, mais ces whiskies clairs montrent que ce nectar est doux et floral, quel que soit l'habillage.

MANNOCHMORE

Producteur United Distillers
Région Highlands **District** Speyside (Lossie)

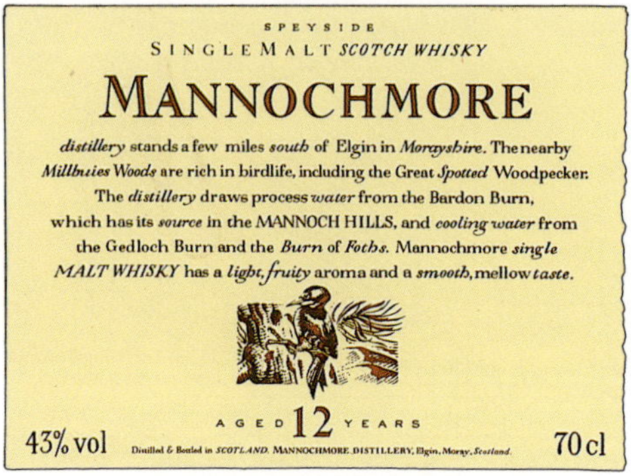

L'EAU DE LA COLLINE DE MANNOCH EST UTILISÉE par plusieurs distilleries, dont Mannochmore, l'une des plus modernes d'Écosse, construite en 1971 pour alimenter en malt les blends de Haig. Toutefois, le whisky est depuis peu de temps embouteillé en single malt dans la série Flora and Fauna. La distillerie se trouve au sud d'Elgin, sur la Lossie, juste à côté de Glenlossie. Il n'est pas rare de voir ainsi voisiner deux distilleries, car si l'eau est bonne pour l'une, elle l'est aussi pour l'autre. D'autres facteurs militent dans le même sens : la disponibilité, dans la région, des autres ingrédients, la présence d'une main-d'œuvre qualifiée, les voies de communication. On ne sera donc pas étonné de trouver un air de famille entre des malts d'un même endroit, et c'est le cas du Mannochmore et du Glenlossie.

Style Frais, floral et sec. Apéritif.

MANNOCHMORE 12 ans d'âge, 43 % vol., Flora and Fauna

Couleur Vin blanc.

Nez Frais, vraiment très floral.

Corps Assez plein, ferme. Il s'assèche sur la langue.

Bouche Il devient légèrement fruité. Franc et sec.

Finale Parfumé, léger, sec. Notes atténuées de tourbe.

NOTE 72

MILLBURN

Producteur United Distillers
Région Highlands **District** Speyside (Inverness)

LORSQUE, APRÈS ONZE HEURES DE TRAJET, le train de Londres arrive à Inverness, les voyageurs voient se dresser brusquement devant leurs yeux fatigués ce qui fut la distillerie Millburn. Fermée en 1985, elle a été reconvertie en pub et en restaurant – bien sûr, ça aurait pu être pire –, et les deux autres distilleries de la ville, Glen Albyn et Glen Mhor, ont tout simplement été démolies.

Millburn date au moins du début de la légalisation de la distillation du whisky dans les Highlands, et les bâtiments actuels ont été construits en 1876, 1898 et 1922. Le whisky n'a jamais été embouteillé en single malt, mais il est entré dans un pur malt appelé The Mill Burn.

Style Fumé et aromatique. Pour la veillée.

MILLBURN 1971, 40 % vol., Connoisseurs Choice

Couleur Ambre nuancé de rouge.

Nez Attaque riche, aromatique, marquée par le sherry. Il s'assèche.

Corps Plein, velouté, assez ferme.

Bouche Sherry, malt et fumée, en succession rapide. Peut-être un peu plus doux et plus aromatique que son prédécesseur, le 1966.

Finale Les notes de tourbe et de fumée se développent lentement ; malt robuste et long, très chaud.

NOTE 76

MILTONDUFF

Producteur Allied Distillers
Région Highlands **District** Speyside (Lossie)

Le prieuré de Pluscarden, où, dit-on, se trouvait autrefois la distillerie Miltonduff, existe toujours. On le voit sur la boîte d'emballage du whisky, même si la distillerie actuelle n'entretient plus de lien particulier avec lui. Construite en 1824, cette bâtisse a été énormément modernisée dans les années 30, puis à nouveau dans les années 70.

Pendant une période, un alambic Lomond a fonctionné sur le site. Il produisait un malt plus lourd, appelé Mosstowie. Il a été démonté, mais on trouve encore le whisky chez des embouteilleurs indépendants. Le malt de Miltonduff est recherché par les blenders, et c'est un bon single.

Style Floral, franc, ferme, élégant. Apéritif.

MILTONDUFF 12 ans d'âge, 43 % vol.

Couleur Or assez soutenu.

Nez Parfumé, sec et floral, avec des touches atténuées de tourbe et de vanille. Le côté tourbé est plus marqué avec un peu d'eau.

Corps Assez plein, ferme et velouté.

Bouche Doux, très franc et délicatement floral.

Finale Aromatique, balsamique, avec des notes sèches et maltées.

NOTE 76

MILTONDUFF 1963, 40 % vol., Gordon and MacPhail

Couleur Ambre.

Nez Sherry (fino ?).

Corps Assez ample, velouté.

Bouche Marqué par le sherry, doux. Des notes de vanille.

Finale Puissant, long. Peut-être mieux en digestif.

NOTE 76

MOSSTOWIE 1975, 40 % vol., Connoisseurs Choice

Couleur Bronze rougeâtre.

Nez Très agréable et frais. Feuillage, fumée. Sec.

Corps Relativement plein, ferme, huileux.

Bouche Belle envolée de flaveurs. Notes de feuillage, de fumée et de malt.

Finale Floral mais assez agressif. Un peu fumé. Un bon cordial !

NOTE 76

MORTLACH

Producteur United Distillers
Région Highlands **District** Seyside (Dufftown)

MORTLACH OFFRE TOUS LES PLAISIRS qu'un bon single malt du Speyside peut donner : les fleurs, la tourbe, la fumée, le malt et le fruit. Et il est souvent, en outre, bien habillé par le sherry. L'eau utilisée, celle des ruisseaux des collines de Conval, lui apporte, dirait-on, son goût puissant. L'eau de refroidissement est celle de la Dullan.

On dit qu'il y a eu, sur le site, une distillation clandestine. La distillerie légale est attestée dès 1823. Elle a conservé du charme, malgré les modernisations de 1903 et de 1964. Elle a été la première distillerie légale de Dufftown, aujourd'hui une des grandes villes du whisky. Son single malt, comme celui de ses voisines Glendullan et Dufftown, est typique, avec une attaque robuste et arrondie.

Style Corpulent, complexe, élégant. Digestif ou pour la veillée.

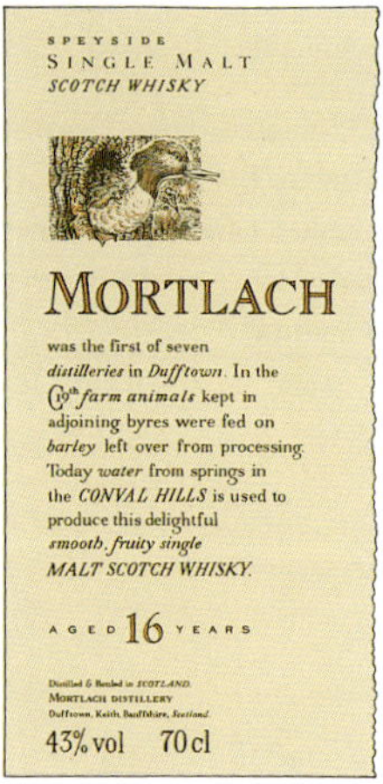

MORTLACH 16 ans d'âge, 43 % vol., Flora and Fauna

Couleur Ambre profond et riche.

Nez Sherry oloroso sec. Fumée et tourbe.

Corps Relativement plein, ferme, velouté.

Bouche Sherry, fumée, tourbe, sève, un peu de fruit. Bien affirmé.

Finale Long et sec.

NOTE 81

MORTLACH 15 ans d'âge, 40 % vol.

Couleur Ambre assez soutenu.

Nez Fumée, malt, sherry. Très aromatique.

Corps Relativement plein, riche.

Bouche Fumé. Bruyère, notes résineuses, caractère malté très agréable, fruit (poire fondante ?), sherry, chêne.

Finale Parfumé, long, sec.

NOTE 81

MORTLACH 21 ans d'âge, 40 % vol., Gordon and MacPhail

Couleur Ambre.

Nez Sherry. Oloroso sec ? Franc, puissant, riche, délicieux.

Corps Relativement plein, arrondi.

Bouche Marqué par le sherry en attaque, puis très fumé. Il éveille les sens comme un bon feu de bois.

Finale Long, rond, sec.

NOTE 81

NORTH PORT

Producteur United Distillers
Région Highlands **District** Eastern Highlands

LE NOM SE RÉFÈRE À LA PORTE NORD de l'ancienne enceinte fortifiée de la petite ville de Brechin. La distillerie a été construite en 1820. Alfred Barnard, qui fut l'un des premiers à écrire sérieusement sur le sujet, rapporte en 1880, lors d'un voyage de reconnaissance des distilleries d'Écosse, que celle-ci tenait son orge des fermes alentour, et sa tourbe et son eau des monts Grampian. Et son confrère d'aujourd'hui, Derek Cooper, ajoute que les condensateurs étaient refroidis par un ruisseau qui traversait les locaux de la distillerie. North Port a été modernisée dans les années 70, et fermée en 1983. Elle a été rachetée pour être remise en activité. On trouve encore le whisky chez des embouteilleurs indépendants.

Style Sec, astringent. Apéritif.

NORTH PORT 1974, 40 % vol., Connoisseurs Choice

Couleur Entre or soutenu et ambre.

Nez Parfumé, sec, légèrement fumé.

Corps Relativement léger. Un peu huileux. Velouté.

Bouche De la douceur, du sherry, et un caractère un peu huileux. Salé et fumé. Il devient sec et un peu astringent, et s'atténue légèrement.

Finale Sec, vif et chaud.

NOTE 66

OBAN

Producteur United Distillers
Région Highlands **District** Western Highlands

Si les Western Highlands ont une capitale, c'est bien Oban… et s'ils ont un grand malt, c'est celui-ci, homonyme de la ville. La région ne compte pas beaucoup de distilleries, mais les whiskies qu'elle produit sont en général arrondis et maltés, avec des notes de fumée.

Il n'y a jamais eu grand monde sur ce sol écossais. Les premiers colons sont arrivés par mer 5 000 ans avant Jésus-Christ, et se sont installés dans les grottes des falaises. Toute l'histoire, avec celle de l'invasion de l'Écosse à partir de la ville irlandaise d'Antrim, est narrée sur l'étiquette de l'Oban 14 ans d'âge, de la série « The Classic Malts » diffusée par United Distillers. Cette version remplace le 12 ans d'âge qui était vendu dans une bouteille ressemblant à un flacon de parfum.

Le touriste qui revient des îles de Mull ou d'Iona, ou des grottes de Fingal, découvre en Oban une ville victorienne, avec sa distillerie dressée devant la falaise criblée de grottes. Celle-ci a été fondée, dit-on, en 1794, bien que les bâtiments actuels datent peut-être de 1880. La salle des alambics a été refaite dans les années 60 et 70, puis à nouveau améliorée en 1991. Les malts d'Oban sont entrés dans différents blends de John Hopkins, notamment de celui qui porte le joli nom d'Old Mull.

Style Assez plein, avec un côté tourbeux et une bouffée de mer. Pour accompagner les coquillages ou le gibier, ou en digestif.

Au milieu du port d'Oban, d'où part le ferry pour les îles de l'Ouest, trône la distillerie qui produit un malt au caractère marin et insulaire.

OBAN 12 ans d'âge, 43 % vol.

Couleur Ambre.

Nez « Des galets sur la plage », dit un dégustateur. En tout cas, une bonne lampée de mer, mais aussi un peu de tourbe et un côté malté.

Corps Relativement plein, velouté, ferme.

Bouche Velouté, malté, fruité, devenant sec et fumé.

Finale Doux et chaleureux ; notes de gingembre.

NOTE 76

OBAN 14 ans d'âge, 43 % vol.

Couleur Ambre.

Nez Plus affirmé, notamment pour le côté tourbé et fumé.

Corps Assez riche, velouté, légèrement visqueux.

Bouche Sec et fumé ; notes sous-jacentes de malt et de fruit.

Finale Aromatique, velouté.

NOTE 79

PITTYVAICH

Producteur United Distillers
Région Highlands **District** Speyside (Dufftown)

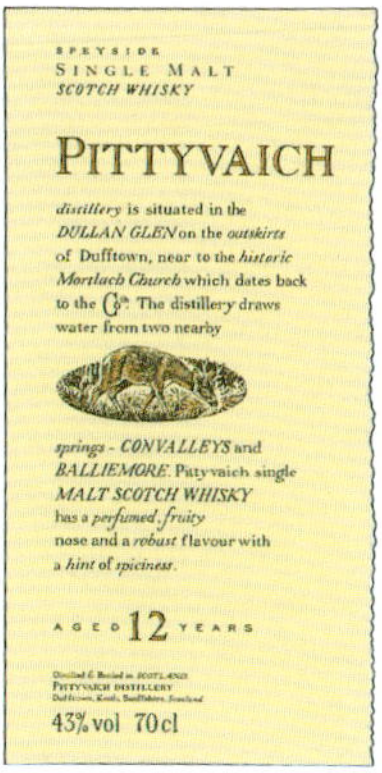

C'EST UNE DISTILLERIE RÉCENTE, construite par Bell's en 1975. Vers la fin des années 80, les amoureux du single malt ont commencé à se demander s'ils allaient enfin goûter à son whisky. C'est alors qu'un embouteilleur indépendant, James MacArthur, a diffusé un 12 ans d'âge, révélant un style parfumé, aux arômes doux de poire. Depuis, le même a sorti un 14 ans d'âge, à la finale sèche plus affirmée. Une version du même âge, proposée par la Scotch Malt Whisky Society, s'est révélée assez proche, avec un nez un peu plus sec et épicé. En 1991, enfin, a été diffusée une version officielle, un 12 ans d'âge, dans la série Flora and Fauna d'United Distillers. Il a le caractère des précédents, avec en plus une solide dose de sherry. Depuis, plusieurs versions ont été sorties par des indépendants. Actuellement, la distillerie a cessé son activité.

Style Fruité, huileux, épicé, spiritueux. Digestif – la grappa écossaise, pourrait-on dire !

PITTYVAICH 12 ans d'âge, 43 % vol., Flora and Fauna

Couleur Rouge ambré profond.

Nez Sherry, parfum, peau de poire.

Corps Assez plein.

Bouche Marqué par le sherry. Affirmé. Mâcheux et malté. Souple, doux, fruité (poire), devenant plus sec et épicé.

Finale Épicé, parfumé, très sec, très long.

NOTE 69

PORT ELLEN

Producteur United Distillers
Région Islay **District** South shore

LE PLUS RARE DES WHISKIES D'ISLAY ! La distillerie, fondée vers 1820 et agrandie vers 1960, a été fermée « temporairement » dans les années 80… mais ça paraît définitif. Les entrepôts, peints en blanc, bordent une rue qui conduit à la mer, à Port Ellen, l'un des trois villages principaux de l'île.

Attenante à la distillerie, une malterie moderne délivre une odeur de tourbe qui ne vous laisse guère loisir d'oublier la principale activité de l'île. Le malt va aux deux autres distilleries d'Islay, Lagavulin et Caol Ila, propriétés d'United Distillers.

Style Algue, poivre, sel. Pour le dernier verre.

PORT ELLEN 12 ans d'âge, 63,8 % vol., Cadenhead

Couleur Vin blanc.

Nez Puissant, stimulant et tonique pour les sens. Note de terre, énorme dominante d'algue ; aigre et poivré.

Corps Assez plein, ferme.

Bouche Débordant de flaveurs. Sel, algue, aigre-doux, et une belle explosion de poivre.

Finale Poivré, salé, presque sableux.

NOTE 79

PORT ELLEN 13 ans d'âge, 43 % vol., Master of Malt

Couleur Or pâle.

Nez Assez sec et huileux, avec des arômes très fondus.

Corps Assez plein, velouté.

Bouche Poivré, très épicé, huileux.

Finale Très sec. Notes de mer. Notes boisées.

NOTE 79

PORT ELLEN 1977, 40 % vol., Connoisseurs Choice

Couleur Huileux, ambré.

Nez Grosse bouffée d'air marin, eau salée, poivre, épices, vanille, parfums. Notes huileuses.

Corps Assez plein, souple.

Bouche Souple, devenant épicé et poivré.

Finale Très épicé et poivré ; explosif.

NOTE 80

PORT ELLEN 1974, 56,4 % vol., Signatory

Couleur Or très clair.

Nez Huileux

Corps Assez plein, souple.

Bouche Sec, velouté, poivré.

Finale Très sec. Extrêmement chaleureux. Très long.

NOTE 80

OLD PULTENEY

Producteur Allied Distillers
Région Highlands **District** Northern Highlands

On l'appelle « la manzanilla du Nord » pour sa forte saveur salée. Les producteurs de manzanilla vendent des fûts aux producteurs écossais, et il n'est pas impossible qu'une barrique ait donné son goût à une cuvée de Pulteney, mais les propriétaires préfèrent en général les fûts de bourbon. Et c'est sans doute à l'air marin que ce breuvage doit son goût salé : la distillerie est au bord de la mer, et même des plus exposées, au bout du bout de l'Écosse, tout à fait à l'est.

Pulteney a été fondée en 1826 et reconstruite par la société Hiram Walker en 1959, pour fournir en malt les blends de Ballantine.

Style Frais, salé, appétissant. Apéritif.

OLD PULTENEY 8 ans d'âge, 40 % vol., Gordon and MacPhail

Couleur Ambre.

Nez Frais, sec, avec une bouffée d'air marin.

Corps Léger, ferme.

Bouche Un peu salé ; notes de terre et d'épices ; appétissant, velouté, devenant doucement malté.

Finale Salé, âcre et piquant, chaleureux, balsamique, long.

NOTE 77

Autres versions d'Old Pulteney

Un 15 ans d'âge de 40 % vol., de Gordon and MacPhail, offre un bel équilibre de sherry et de sel. NOTE 79. Un 17 ans d'âge de 52,8 % vol., étiqueté Whalligoe, est légèrement plus velouté et très salé. NOTE 78. Un 1961 de 40 % vol., de Gordon and MacPhail, est plus marqué par le sherry, mais bien équilibré. NOTE 79.

ROSEBANK

Producteur United Distillers
Région Lowlands **District** Central Lowlands

POUR CERTAINS PASSIONNÉS, c'est le malt des Lowlands tel qu'en lui-même, alors que d'autres élisent plutôt l'Auchentoshan, le Bladnoch, le Glenkinchie ou le Littlemill. En tout cas, la déception a été unanime lorsque Bladnoch et Rosebank ont interrompu leur activité – sans grand espoir de reprise !

Comme Auchentoshan, Rosebank a été appréciée pour sa triple distillation, spécifique au terroir. La distillerie se trouve à Cemelon, Falkirk, sur le canal de la Clyde au Forth. On en trouve trace dès 1817, et certains bâtiments datant de 1850 et 1860 sont encore debout, de part et d'autre de la route.

Bien qu'un whisky des Lowlands soit d'ordinaire meilleur dans la force de sa jeunesse, la belle palette d'arômes et de notes florales de sa bouche s'est conservée intacte dans des versions récentes de pleine maturité, diffusées par des indépendants – et même chez un 25 ans d'âge de Signatory !

Style Aromatique – nuance de clou de girofle. Apéritif.

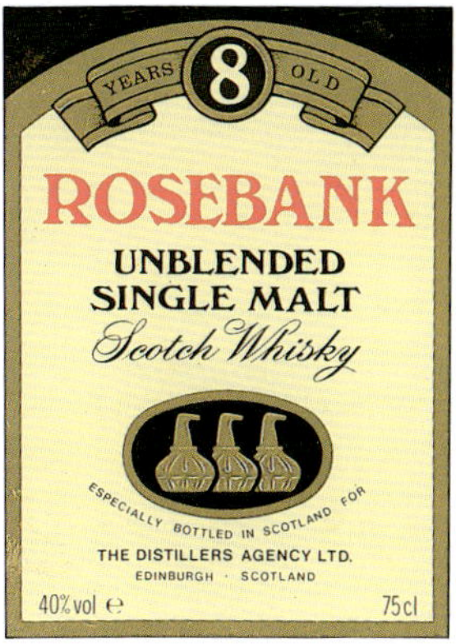

ROSEBANK 8 ans d'âge, 40 % vol.

Couleur Ambre.

Nez Sec ; arômes complexes, végétaux et floraux. Note sèche de sherry.

Corps Léger, mais très velouté.

Bouche Sec, floral, fruité. Il est beaucoup moins sec avec un peu d'eau.

Finale Sec.

NOTE 76

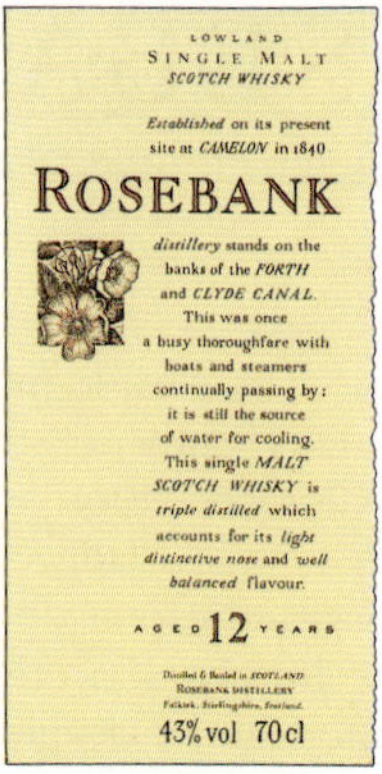

ROSEBANK 12 ans d'âge, 43 % vol., Flora and Fauna

Ce Flora and Fauna de 10 ans d'âge est nettement moins marqué par le sherry que l'ancienne version de Distillers' Agency.

Couleur Or.

Nez Végétal et floral (clou de girofle), léger, sec.

Corps Léger, velouté, un peu sirupeux.

Bouche Douceur florale et maltée en attaque. Le caractère floral se maintient, mais avec des notes, plus sèches, de gingembre.

Finale Encore végétal et floral, mais vif (presque dur) et sec.

NOTE 77

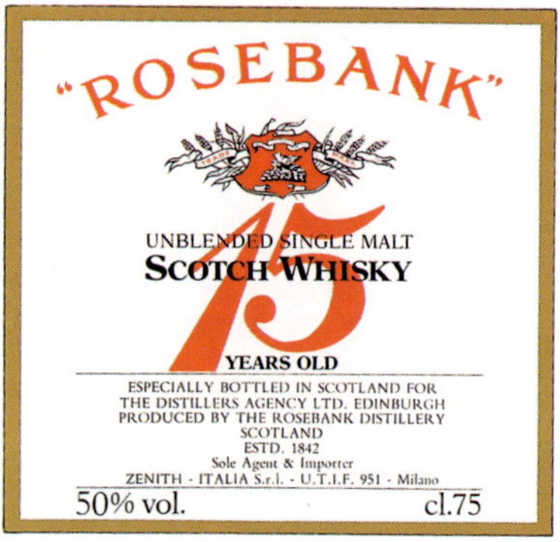

ROSEBANK 15 ans d'âge, 50 % vol.

Couleur Or.

Nez Floral.

Corps Étonnamment sec.

Bouche Léger, doux, floral, nettement fruité. Très plaisant.

Finale Corpulent, souple et long.

NOTE 77

ST MAGDALENE

Producteur United Distillers
Région Lowlands **District** Central Lowlands

La distillerie s'est établie tôt sur ce site, probablement à la fin du XVIIIe siècle ; auparavant, il y avait eu une léproserie, au XIIe siècle, puis un couvent. La production a été interrompue en 1983, et certains des locaux ont été aménagés en appartements. On a parfois donné à cette distillerie le nom de Linlithgow, qui est celui de la ville qui l'abrite, à l'ouest d'Édimbourg, près du Forth.

Style Parfumé, végétal, velouté. Cordial.

ST MAGDALENE 1965, 40 % vol., Connoisseurs Choice

Couleur Ambre rouge.

Nez Marqué par le sherry, très parfumé. Végétal, un peu fumé. Notes boisées.

Corps Relativement léger. Souple et velouté.

Bouche Plus parfumé que le 1964. Le côté « feu d'herbes sèches » est moins accusé, mais il est bien présent.

Finale Sec mais souple. Chaud, modéré.

NOTE 68

Autres versions de St Magdalene

Un 10 ans d'âge (1982) de Cadenhead, de 61,6 % vol., couleur de vin blanc, est végétal, doux et phénolique au nez comme en bouche, sur un corps huileux. NOTE 68. Un autre fût du même âge, également de Cadenhead, embouteillé à 62,3 % vol., est proche, mais plus atténué, plus floral et plus doux. NOTE 68.

SCAPA

Producteur Allied Distillers
Région Highlands **Iles** Orcades

Le Scapa Flow est un étroit canal reliant la mer du Nord à l'Atlantique, qui a joué un rôle stratégique au cours des deux guerres mondiales. Il manque un demi-mile à la distillerie, située près de Kirkwall, pour être la plus septentrionale d'Écosse. Fondée en 1885, elle tirait son énergie d'une roue à aubes, aujourd'hui restaurée. Deux des bâtiments d'origine sont encore debout et servent à entreposer les fûts vides, mais l'essentiel des constructions date de 1959.

L'eau utilisée est très tourbée – au contraire du malt, qui, lui, ne l'est pas du tout. L'alambic de première distillation (*wash still*) est de type Lomond, ce qui accentue le caractère huileux du whisky. Le vieillissement se fait en fûts de bourbon qui apportent des notes de vanille, parfois une nuance de chocolat très épicé – ou de cette réglisse salée que l'on trouve en Hollande.

Style Sel, foin. Chocolat gras et épicé. Apéritif.

SCAPA 8 ans d'âge, 40 % vol., Gordon and MacPhail
Pour après la promenade et avant le déjeuner.

Couleur Ambre.

Nez Frais. Brise de mer salée et foin fraîchement coupé, bruyère, quelques notes de bourbon.

Corps Assez plein, soyeux.

Bouche Salé, un peu acéré. Saveur de marée.

Finale Huileux mais sec ; tonique.

NOTE 76

SCAPA 1983, 40 % vol., Gordon and MacPhail

Couleur Ambre.

Nez Sel, foin, chocolat, bourbon.

Corps Assez plein, soyeux.

Bouche Velouté. Vanille et chocolat. Notes de marée pour finir.

Finale Chocolat, toffee, réglisse, sel.

NOTE 78

SCAPA 24 ans d'âge, 46,5 % vol., Cadenhead
(Distillé en 1965, embouteillé en 1990.)

Couleur Or.

Nez Salé et dur. Apéritif.

Corps Assez plein, souple, velouté.

Bouche Sel, foin, bruyère et parfum.

Finale Salé ; très apéritif.

NOTE 77

SCAPA 1963, 40 % vol., Gordon and MacPhail
Pour le dernier verre.

Couleur Ambre soutenu.

Nez Puissant. Belle bouffée de mer.

Corps Assez plein, souple, velouté.

Bouche Salé et dur, mais aussi des notes de caramel données par le bourbon, et des nuances de chocolat noir.

Finale Chocolat noir. Long et prolongé.

NOTE 79

THE SINGLETON

Producteur IDV/Justerini and Brooks
Région Highlands **District** Speyside

«WHISKY DE DESIGNER ! » dirent les mauvais esprits lorsque The Singleton a été lancé comme malt en 1986. C'était vrai (et ça l'est toujours) du nom, m'as-tu-vu et apprêté, mais celui de la distillerie, Auchroisk, encore plus difficile à prononcer qu'à écrire, semblait trop lourd à porter d'un point de vue commercial. En gaélique, il signifie « gué sur la rivière rouge » – l'établissement se trouvant sur un ruisseau, le Mulben, affluent de la Spey. Le site a été choisi pour une source d'eau très douce. Le whisky est lui-même doux, avec une pointe d'anis, comme le montrent certaines versions de Cadenhead, vieillies en fût de chêne cru, diffusées sous le nom d'Auchroisk. Quant aux Singleton millésimés, ils sont diffusés à plus de 10 ans d'âge, et à 12 ans et plus, et ils sont marqués par le sherry.

Style Souple et épicé. Liquoreux. Digestif.

THE SINGLETON 1981, 40 % vol.

Couleur Ambre.

Nez Sherry, malt, réglisse, anis, touche de tourbe.

Corps Assez plein. Très velouté.

Bouche Réglisse, anis, toffee, sherry.

Finale Liquoreux, avec un caractère fumé sous-jacent.

NOTE 79

SPEYBURN

Producteur Inver House
Région Highlands **District** Speyside (Rothes)

BEAUCOUP DE DISTILLERIES D'ÉCOSSE vantent la beauté de leur site, mais Speyburn n'en a pas besoin, tant c'est évident. Ce beau bâtiment victorien, situé dans une vallée profonde et majestueuse et dans un cadre idyllique, vaut le coup d'œil quand on le découvre de la route Rothes-Elgin. Construit en 1897, il a gardé son cachet malgré plusieurs modernisations.

Au début de cette décennie, la distillerie a été achetée par Inver House, dont le 10 ans d'âge remplace le 12 ans d'âge de la série Flora and Fauna, de l'ancien propriétaire.

Style Floral, herbacé. Note de bruyère. Apéritif.

Au cœur d'un beau paysage écossais, sauvage et boisé, la distillerie de Speyburn produit un malt de caractère, mais trop rare.

SPEYBURN 10 ans d'âge, 40 % vol.

Couleur Or soutenu.

Nez Floral.

Corps Assez plein, mesuré.

Bouche Franc, un peu malté. Développant des notes fraîches d'herbe et de bruyère.

Finale Frais, très doux, légèrement sirupeux.

NOTE 71

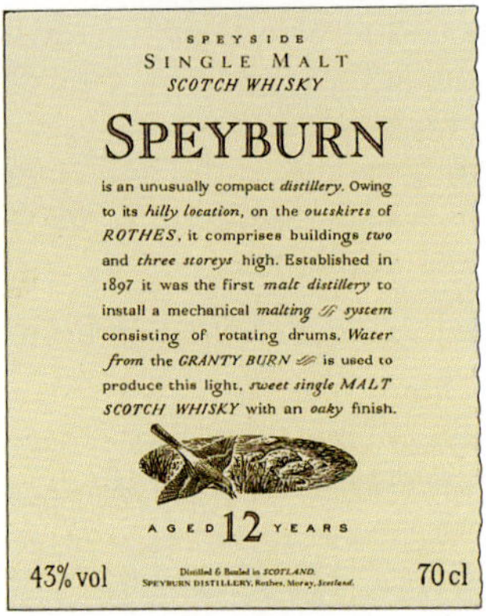

SPEYBURN 12 ans d'âge, 43 % vol., Flora and Fauna

Couleur Or pâle.

Nez Très sec.

Corps Assez plein, velouté.

Bouche Légèrement doux et malté, développant des notes sèches d'herbe et de bruyère.

Finale Sec, chaleureux, aromatique ; beaucoup de tempérament.

NOTE 71

SPEYBURN 1971, 40 % vol., Connoisseurs Choice

Ce malt s'est amélioré avec l'âge. Il est assez sec pour l'apéritif, mais il est meilleur en digestif.

Couleur Ambre.

Nez Sherry, miel, bruyère, herbe.

Corps Corpulent, velouté.

Bouche Sherry ; beaucoup de miel de bruyère et de malt.

Finale Miel, épices, avec une touche de condiments amère.

NOTE 76

SPRINGBANK

Producteur J. and A. Mitchell
Région Lowlands **District** Campbeltown

La distillerie Springbank produit et élève les malts classiques de Campbeltown, qui ont été diffusés à des âges variés, selon l'époque. Longrow, le single malt, a été distillé au même endroit, mais moins fréquemment, et vieilli moins longtemps. On pourrait le voir plus souvent dans l'avenir.

Le Springbank est élaboré à partir de malt moyennement tourbé, selon un procédé original qui implique trois alambics. En fait, il est distillé deux fois et demie, ce qui en fait un whisky très raffiné. Le Longrow est issu d'un malt entièrement séché à la tourbe, mais la distillation est classique.

Campbeltown a compté plus de 30 distilleries, mais presque toutes ont fermé dans les années 30. Plusieurs se trouvaient dans une rue appelée Longrow ; l'une d'elles a même pris ce nom, de 1824 à 1896, et plusieurs de ses bâtiments sont utilisés par Springbank pour l'embouteillage. Le nom du second whisky n'est donc pas usurpé – mais il est chargé de nostalgie !

Campbeltown cultive un peu d'orge, et Springbank l'utilisait autrefois pour ses maltages ; les nouveaux dirigeants de la distillerie souhaitent d'ailleurs revenir à cette tradition. Ils espèrent aussi utiliser à nouveau la tourbe récoltée dans la région, autrefois productrice. La distillerie a même chauffé ses alambics avec le charbon du cru, mais la mine a fermé vers 1960. Le dernier malt à avoir été élaboré à partir de ces trois produits locaux a été diffusé vingt-cinq ans plus tard, et on peut encore, parfois, le déguster.

Les aires de maltage de la distillerie ont beaucoup influencé le caractère du whisky, surtout le très tourbé Longrow. Elles ont été fermées vers la fin des années 70, mais elles sont de nouveau en activité depuis 1992. Le Longrow produit maintenant sera prêt vers 2010. Ce pourrait bien être, alors, le meilleur de tous les scotch whiskies.

Avec Glenfiddich, Springbank est la seule distillerie à embouteiller dans ses murs ; elle a cette possibilité parce que le propriétaire possède aussi Cadenhead, et qu'elle dispose d'une grande variété de fûts ; parmi eux, on a même compté des fûts de rhum, ce qui a donné une note spécifique de menthe et de caramel au whisky.

Style de Springbank Salé, huileux ; noix de coco. Apéritif.

Style de Longrow Huileux ; notes de pin et de terre. Digestif.

SPRINGBANK 12 ans d'âge, 46 % vol.

Couleur Vin blanc.

Nez Salé. Végétal et feuillage.

Corps Relativement léger, velouté.

Bouche Très salé, légèrement huileux, avec un très long développement de notes fruitées et douces.

Finale Doux, mais une bouffée de mer. Très appétissant.

NOTE 84

SPRINGBANK 15 ans d'âge, 46 % vol.

Couleur Ambre soutenu.

Nez Eau de mer, un peu de tourbe, goudron, sherry.

Corps Relativement plein. Très huileux.

Bouche Sel, noix de coco, toffee.

Finale Très vif et plaisant.

NOTE 88

SPRINGBANK 21 ans d'âge, 46 % vol.

Couleur Ambre soutenu.

Nez Sherry, eau de mer, notes boisées.

Corps Plein, affirmé.

Bouche Un peu de sel, beaucoup de noix de coco, toffee à la noix.

Finale Salé, un peu tourbé, séveux, marqué par le chêne.

NOTE 87

Un 1972, peut-être du même âge, est moins marqué par le sherry et donc moins boisé, plus complexe et plus modéré.

SPRINGBANK 25 ans d'âge, 46 % vol.

Couleur Ambre.

Nez Salé, bouffée de tourbe, un peu boisé.

Corps Assez plein, velouté.

Bouche Notes de noix de coco, évoluant vers la noix et le sherry. Certains y distinguent la banane, d'autres le gâteau au sésame.

Finale Puissant. Sherry et chêne. Long, interminable.

NOTE 88

SPRINGBANK 30 ans d'âge, 46 % vol.

Couleur Ambre rouge très profond, avec des nuances orangées. Très beau !

Nez Sherry, raisin sec, chêne.

Corps Plein, sirupeux.

Bouche Sherry, raisin sec, caramel (butterscotch) et beurre, sel. Belle concentration des saveurs.

Finale Séveux ; chêne, tourbe et sel.

NOTE 92

SPRINGBANK West Highland 1966, 58,1 % vol.

Couleur Brun-rouge, presque acajou.

Nez Chêne. Très marqué par le sherry. Fumé, mais malgré tout parfumé, avec une touche un peu dure (salée ?).

Corps Corpulent. Il tapisse la bouche.

Bouche Sherry en attaque, puis chêne – et le caractère séveux et salé émerge. Des notes de noix de coco, puis de sirop contre la toux.

Finale Davantage de sherry, équilibré par des notes sèches de chêne, puis à nouveau le sirop contre la toux. Très long, apaisant et digestif.

NOTE 93

LONGROW 1974, 46 % vol.

Couleur Or soutenu.

Nez Acre ; pin, terre et tourbe.

Corps Assez plein, huileux.

Bouche Noix de coco sucrée. Huileux. Nettes notes de pin. Caractère phénolique. Tourbe.

Finale Salé, intense, persistant, affirmé, long.

NOTE 90

STRATHISLA

Producteur Seagram/Chivas Brothers
Région Highlands **District** Speyside (Strathisla)

La plus ancienne distillerie du nord de l'Écosse. Au XIIIe siècle, des dominicains ont utilisé l'eau d'une source toute proche pour brasser de la bière. C'est la même, assez dure et calcaire, légèrement tourbée, qui entre dans la distillation du whisky depuis au moins 1786. Strathisla, qui pendant une période a été appelée Milltown, était à l'origine une distillerie de ferme. Elle a peu à peu pris ses dimensions actuelles, à partir de 1820 – et surtout après un incendie, en 1876. Elle a été rachetée par Seagram en 1950.

On y utilise un malt peu tourbé, des cuves de fermentation en bois et de petits alambics, dont deux sont chauffés au charbon. Les cuves en bois sont assez communes, mais Strathisla estime que cette fermentation bien particulière est loin d'être négligeable pour le caractère de son whisky sec, fruité, marqué par le chêne et tourbé. La seule version officielle est le 12 ans d'âge, mais des whiskies d'âges divers sont diffusés par Gordon and MacPhail.

Style Sec, fruité. Digestif.

STRATHISLA 8 ans d'âge, 40 % vol., Gordon and MacPhail

Couleur Ambre.

Nez Sec, marqué par le sherry. Complexe.

Corps Assez plein, ferme.

Bouche Caractère sec et malté, évoluant avec des notes plus douces ; caractère de céréale et de sherry.

Finale Corpulent, sec, légèrement séveux, persistant.

NOTE 79

STRATHISLA 12 ans d'âge, 43 % vol.

Couleur Or soutenu.

Nez Sec ; chêne frais, céréale, fruit.

Corps Assez plein, souple.

Bouche Marqué par le sherry. Joli cocktail de sec et de doux. Bien équilibré.

Finale Très velouté, apaisant et long. Vanille et chocolat.

NOTE 79

STRATHISLA 15 ans d'âge, 40 % vol., Gordon and MacPhail

Couleur Ambre soutenu.

Nez Sec et complexe ; marqué par le sherry. Notes de céréale.

Corps Assez plein, riche.

Bouche Beaucoup de sherry, mais assez sec. Belles notes sèches de chêne.

Finale Velouté, apaisant.

NOTE 80

STRATHISLA 1980, 40 % vol., Gordon and MacPhail

Couleur Ambre.

Nez Complexe. Beaucoup de notes fruitées et douces ; miel, sherry, chêne, touche de tourbe.

Corps Assez plein, riche.

Bouche Délicieux, avec de la personnalité. Il commence avec le sherry et le miel, et évolue vers des notes fruitées et sèches.

Finale Sec mais souple.

NOTE 80

STRATHISLA 20 ans d'âge, 46 % vol., Cadenhead

Couleur Ambre rouge somptueux. Très, très foncé !

Nez Arômes puissants, doux et juteux de sherry, mais le chêne et le whisky sont bien présents à l'arrière-plan.

Corps Très riche.

Bouche Riche. Caractère de raisin sec et de sherry en attaque, relayé par le chêne et l'alcool.

Finale Beaucoup de sherry. Très chaud. Être aussi lourdement chargé par le sherry, il faut oser !

NOTE 76

STRATHISLA 1967, 40 % vol., Gordon and MacPhail

Couleur Ambre soutenu.

Nez Chêne frais, sève, sherry, un peu de fruit, tourbe.

Corps Assez plein, velouté, ferme.

Bouche Belle profondeur fruitée, saveurs épicées. Sherry, chêne. Flaveurs étroitement fondues.

Finale Ample. Chêne frais, tourbe, pointe de bruyère. Beau whisky complexe, boisé juste comme il faut.

NOTE 81

STRATHISLA 1960, 40 % vol., Gordon and MacPhail

Couleur Ambre rouge.

Nez Chêne. Fruité, avec une pointe de tourbe.

Corps Relativement plein. Ferme.

Bouche Sherry onctueux et vanillé. Beau fruit ; un peu de tourbe.

Finale Marqué par le chêne, séveux, légèrement amer. Sec.

NOTE 78

STRATHISLA 35 ans d'âge, 40 % vol., Gordon and MacPhail

Couleur Or soutenu.

Nez Jolies nuances de fumé.

Corps Souple et velouté.

Bouche Léger, doux.

Finale Léger, velouté. Il a moins de sherry que ses pairs, mais il est plus fondu.

NOTE 75

STRATHISLA 1958, 40 % vol., Gordon and MacPhail

Couleur Ambre brun.

Nez Boisé.

Corps Relativement plein, velouté.

Bouche Boisé et sec, mais le côté onctueux émerge quand même.

Finale Marqué par le chêne ; il s'assèche sur la langue.

NOTE 76

STRATHMILL

Producteur IDV/Justerini and Brooks
Région Highlands **District** Speyside (Strathisla)

Autrefois, Keith était sans doute une ville de meuniers ; la distillerie Glen Keith a été construite sur l'emplacement d'un ancien moulin à blé, et Strathmill aussi – *mill* signifie d'ailleurs « moulin ». Elle date de 1891, c'est-à-dire d'une période où l'industrie du whisky était en expansion. Trois ans plus tard, elle a été achetée par la société W. and A. Gilbey, entrée ensuite dans le groupe International Distillers and Vintners, qui, à son tour, est passé sous le contrôle de Watney's. Plus tard, ce dernier a été racheté par Grandmet et sa filiale Justerini and Brooks. On peut donc dire que la distillerie connaît les mêmes propriétaires depuis un siècle, mais le whisky n'a, semble-t-il, jamais été diffusé comme single jusqu'à l'embouteillage d'un 1980, effectué en 1993 par Oddbins. Cette version, douce et délicieuse, a été rapidement suivie d'une autre, de la même année, mais de Cadenhead.

Style L'équivalent, pour le whisky, du muscat pour le vin.

STRATHMILL 11 ans d'âge, 60,6 % vol., Cadenhead

Couleur Or pâle, avec un reflet verdâtre. Huileux, réfractif.

Nez Doux ; évoque la peau d'orange.

Corps Relativement plein, sirupeux.

Bouche Souple, sirupeux. Peau d'orange, fruit et miel.

Finale Sirupeux, crémeux, puis des notes de zeste d'orange.

NOTE 77

TALISKER

Producteur United Distillers
Région Highlands **Ile** Skye

SINGLE MALT À FORTE PERSONNALITÉ, puissant en bouche et très caractéristique des îles, Talisker est un peu au whisky ce que le Zinfandel est au vin. Il a un côté fortement poivré, assez pour faire venir la sueur au front des dégustateurs. Les blenders d'United Distillers, pour vanter leurs produits, disent qu'ils « explosent en bouche », et c'est sans doute le Talisker qui leur a suggéré l'image. On parle aussi, à son propos, de la « lave des Cuillins » – collines volcaniques de l'île de Skye, d'où vient le breuvage. La distillerie se trouve sur la côte Ouest, sur les grèves du loch Harport.

Après avoir essayé plusieurs sites, elle s'est établie là en 1831, et elle a été agrandie en 1900. Pendant très longtemps, elle a pratiqué la triple distillation, et le grand romancier Stevenson plaçait le Talisker au même niveau que l'Islay et le Glenlivet. Elle est passée à la double distillation en 1928, et elle a été modernisée en 1960.

Le single malt 8 ans d'âge a été remplacé par un 10 ans d'âge, qui est diffusé dans la série « Classic Malts » d'United Distillers. Certains amateurs préfèrent le caractère très sec du Talisker à un âge plus tendre, mais les versions plus âgées ont un caractère plus plein et plus rond. Un 14 ans d'âge, de 64,4 % vol., de Cadenhead, apparemment sans sherry, est tout habité d'odeurs d'air marin, d'algue et de poivre, et c'est une explosion de poivre et de sel en bouche. Un 15 ans d'âge du même, de 56,4 % vol., de couleur jaune-brun, très chargé en sherry et dominé en attaque par le bois, montre ensuite une superbe envolée d'arômes et de saveurs de distillerie. Un 1955, de 53,6 % vol., de Gordon and MacPhail, présente une robe plus brillante, mais malgré tout profonde, ambre rouge. Il semble moins touché par le sherry et plus par le chêne, mais lui aussi se développe superbement en bouche.

Si Talisker est la seule distillerie de Skye, l'île abrite également un producteur d'un pur malt appelé Poit Dubh, et d'un blend, Te Bheag. Les deux contiennent, dit-on, un peu de Talisker, et leur corpulence en bouche semble le confirmer. Ian Macleod and Co., d'Édimbourg, diffuse un blend, sec et parfumé, appelé Isle of Skye. Et on dit que la liqueur de whisky représentée par Drambuie a aussi son origine dans l'île.

Style Volcanique. Pour se réchauffer en hiver !

TALISKER 8 ans d'âge, 45,8 % vol.

Couleur Ambre.

Nez Acre. Fumée, algue, eau de mer et douceur maltée.

Corps Relativement plein.

Bouche Doux et malté en attaque, il développe une amertume nette, puis les notes poivrées caractéristiques.

Finale Poivré, chaud, puissant : un immense feu de tourbe rougeoyant, qui vous réchauffe le cœur pour la journée.

NOTE 89

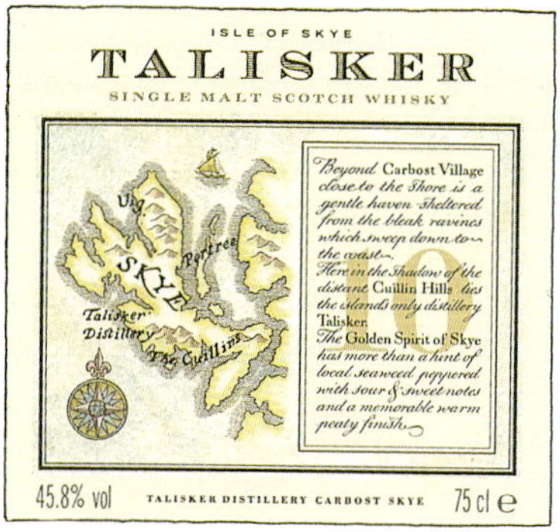

TALISKER 10 ans d'âge, 45,8 % vol.

Couleur Ambre rouge, brillant.

Nez Acre ; fortes notes de fumée ; arrondi.

Corps Plein, légèrement sirupeux.

Bouche Doux, malté et fumé, il développe une certaine amertume et une grosse vague poivrée.

Finale Très poivré, énorme, long.

NOTE 90

TAMDHU

Producteur Highland Distilleries
Région Highlands **District** Speyside

LA PLUS GROSSE PRODUCTION DU SPEYSIDE parmi les single malts de Highland Distilleries. C'est un whisky modéré et civilisé, avec une certaine dose de douceur maltée.

La distillerie se trouve au cœur du Speyside, entre Knockando et Cardhu. Elle a été fondée en 1896, et en grande partie rebâtie vers 1970. Elle puise son eau dans un ruisseau, le Tamdhu, qui coule dans les bois jusqu'à la Spey. Elle a d'impressionnantes enceintes rectangulaires de maltage (Saladin). Elle est impeccablement tenue, et tient à certaines traditions, en particulier aux cuves de fermentation en bois.

Le whisky commence à être mieux connu comme single malt et comme composant du blend The Famous Grouse. Au degré éprouvé du fût (*proof strength*), il a montré sa qualité dans les versions de la Scotch Malt Whisky Society.

Style Léger, civilisé ; nez de toffee. On peut le prendre en des occasions diverses, mais de préférence après le dîner.

TAMDHU 8 ans d'âge, 40 % vol., Gordon and MacPhail

Couleur Ambre.

Nez Léger, doux et malté. Une certaine influence du sherry.

Corps Relativement léger.

Bouche Doux ; touche légère de caramel due au malt ; il développe ensuite des notes sèches et tourbées.

Finale Fumé, puis il revient à sa douceur maltée première.

NOTE 75

TAMDHU 10 ans d'âge, 40 % vol.

Couleur Ambre pâle.

Nez Peut-être un peu fumé.

Corps Relativement léger, arrondi.

Bouche Belles notes de parfum. Caramel et malt – mais pas trop riche.

Finale Fondu, complet.

NOTE 75

TAMDHU 15 ans d'âge, 43 % vol.

Couleur Ambre.

Nez Plein, appétissant. Caractère de sherry marqué.

Corps Relativement léger, ferme.

Bouche Dominante douce de malt, mais joliment équilibrée par de beaux arômes de cèdre et de fumée. Beaucoup de caractère, il faut prendre le temps de faire connaissance pour le découvrir. Whisky harmonieux mais discret.

Finale Bien arrondi. Un whisky agréable après le repas.

NOTE 76

TAMDHU, sans indication d'âge, 40 % vol.

Couleur Or soutenu.

Nez Malt, caramel (toffee) ; touche de tourbe.

Corps Relativement léger, arrondi.

Bouche Caramel. Il développe beaucoup de douceur.

Finale Malté, doux, agréable.

NOTE 74

TAMNAVULIN

Producteur Invergordon
Région Highlands **District** Speyside (Livet)

La distillerie se trouve sur le versant pentu de la vallée de la Livet. De tous les malts produits dans la paroisse de Glenlivet, c'est le plus léger par le corps, mais pas par la bouche ; il est un peu plus solide que le Tomintoul, auquel on pourrait le mieux le comparer.

Le nom du hameau où se trouve la distillerie s'orthographie Tomnavoulin, mais ces petites irrégularités de transcription ne sont pas rares en Écosse, et ajoutent au pittoresque ; en tout cas, sous l'une et l'autre graphie, il signifie « filature sur la colline », et une partie des bâtiments abritait autrefois le cardage de la laine. Construite dans les années 60, la distillerie est beaucoup plus fonctionnelle que belle dans son architecture, mais elle produit un single malt élégant, délicieux en apéritif.

Style Aromatique, herbacé. Apéritif.

TAMNAVULIN 10 ans d'âge, 43 % vol.

Couleur Vin blanc.

Nez Très aromatique. Touche de tourbe, notes de foin, de bruyère et d'herbe fraîche.

Corps Léger mais velouté.

Bouche Citron, groseillier à fleurs. Un côté grand vin.

Finale Aromatique. Genévrier ?

NOTE 76

TAMNAVULIN 20 ans d'âge, 46 % vol., Cadenhead

Couleur Ambre profond.

Nez Le sherry est puissant d'entrée, mais des notes sèches émergent en arrière-plan.

Corps Relativement léger.

Bouche Sherry, gingembre, citron, sève.

Finale Terriblement dominé par le chêne séveux, même quand on y ajoute un seau d'eau !

NOTE 64

TEANINICH

Producteur United Distillers
Région Highlands **District** Northern Highlands

MALT BIEN FAIT ET PERSONNALISÉ, avec ces dominantes de terre typiques du style des Highlands du Nord. La distillerie, près d'Alness, a été fondée en 1817 et agrandie en 1899. En 1970, on a construit un nouveau bâtiment pour les alambics. Vue de la route, elle est très moderne, avec ses six alambics. Elle a été fermée en 1985, puis rouverte en 1991. La version Flora and Fauna vient compléter heureusement celles des indépendants.

Style Robuste. Caramel, épices et feuillage. Cordial ou digestif.

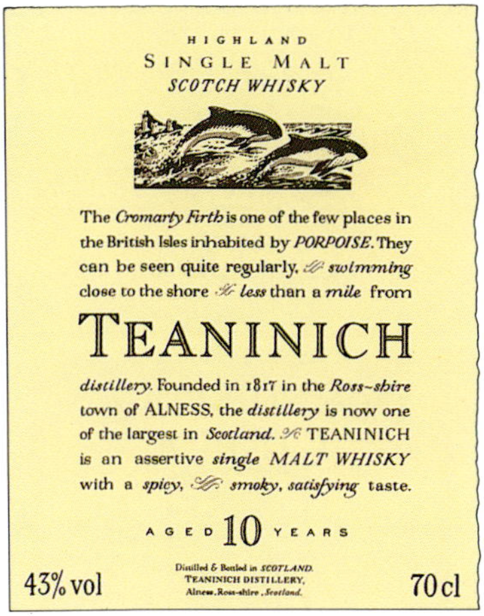

TEANINICH 10 ans d'âge, 43 % vol., Flora and Fauna

Couleur Or pâle.

Nez Aromatique. Fruit, feuillage, fumée.

Corps Assez plein, riche.

Bouche Fruité. Dominantes de feuillage ; un peu de tourbe. Très appétissant.

Finale Dominantes de feuilles et d'herbes, et beaucoup de complexité. Très appétissant.

NOTE 74

TEANINICH 17 ans d'âge, 43 % vol., Master of Malt

Couleur Or pâle.

Nez Herbe et feuillage. Légèrement boisé.

Corps Assez plein.

Bouche Végétaux et terre.

Finale Végétaux et terre ; touche de tourbe.

NOTE 72

TEANINICH 1982, 40 % vol., Connoisseurs Choice

Couleur Entre or soutenu et bronze.

Nez Notes de terre ; chaleureux.

Corps Assez plein, mâcheux.

Bouche Crème, terre, toffee, épices.

Finale Parfumé et doux, puis âpre.

NOTE 76

TOBERMORY

Producteur Burn Stewart
Région Highlands **Ile** Mull

Si l'art de la distillation a emprunté, comme on le dit parfois, la célèbre Chaussée des géants, cette série de colonnes de basalte qui part de la côte irlandaise vers la pleine mer en direction de l'Écosse, c'est sans doute à Mull qu'il est arrivé. On trouve trace de la distillerie dès 1798, mais son activité a été longtemps sporadique. Elle a rouvert en 1990, après une éclipse de dix ans, et elle accueille des visiteurs. Elle a été rachetée en 1993 par Burn Stewart.

Depuis longtemps, elle diffuse un pur malt appelé Tobermory, The Malt Scotch Whisky, qui contient un peu de whisky de la distillerie, allant jusqu'à 20 ans d'âge, et d'autres whiskies plus jeunes, venant d'ailleurs. Elle vend aussi un blend.

La distillerie, dans la ville de Tobermory, s'appelait autrefois Ledaig, et son single malt a été embouteillé par divers indépendants ; ces versions ont fortement le caractère des îles. On verra si le nouveau single malt l'a aussi. L'eau utilisée est très tourbée, à la différence du malt, qui, lui, ne l'est pas du tout. Les nouveaux propriétaires pensent vendre leur production pour le blending, et ils estiment que la demande en malt très tourbé est très faible.

Style Un peu de tourbe ; notes de menthe. Doux. Cordial.

Dans son île et les pieds dans la mer, avec ses bâtiments typiques, la distillerie Tobermory vaut le détour.

TOBERMORY, sans indication d'âge, 40 % vol.

Couleur Or soutenu.

Nez Léger ; touche de tourbe. Une certaine douceur.

Corps Relativement léger. Velouté.

Bouche Un peu de tourbe. Notes sèches et maltées. Nuance de caramel.

Finale Léger et souple, puis plus doux.

NOTE 67

LEDAIG, sans indication d'âge, Burn Stewart

Couleur Or soutenu.

Nez Légèrement épicé et doux.

Corps Plus plein, assez huileux.

Bouche Nuance d'herbe brûlée, quelques arômes de pain grillé, touche de caramel. Malté, épicé ; touche de menthe.

Finale Dominante de menthe.

NOTE 71

LEDAIG 18 ans d'âge, 55,2 % vol., James MacArthur

Couleur Or pâle.

Nez Puissants arômes d'iode et d'algue.

Corps Assez plein, ferme.

Bouche Poivré et épicé – et toujours l'algue. Sec.

Finale Poivré.

NOTE 79

LEDAIG 1973, 40 % vol., Gordon and MacPhail

Couleur Ambre rouge.

Nez Très tourbé.

Corps Assez plein, ferme.

Bouche Tourbé, phénolique, sec, intense. Excellent malt des îles.

Finale Puissant, tourbé, poivré, chaud, persistant.

NOTE 76

Autres versions de Tobermory

La Scotch Malt Whisky Society décrit un 10 ans d'âge de 60,2 % vol. comme durement tourbé, mais il est surtout velouté et doux.
NOTE 75.

TOMATIN

Producteur Takara, Shuzo et Okura
Région Highlands **District** Speyside (Findhorn)

C'EST LA PREMIÈRE DISTILLERIE ÉCOSSAISE qui soit passée entièrement aux mains d'une société nippone. Ben Nevis a pris le même chemin, et d'autres comptent des Japonais parmi leurs actionnaires.

Tomatin a été créée en 1897, mais elle a connu un grand développement à partir de 1950, jusqu'à la fin des années 70. Elle est devenue la plus grande distillerie de malt d'Écosse, et elle est juste derrière la distillerie Hakushu de Suntory.

Elle produit en effet un malt solidement charpenté, qui est entré dans de très nombreux blends durant la période faste ; il n'est ni très complexe ni très original, mais il a plus de saveur qu'on ne le dit en général. Pour l'amateur débutant qui souhaite passer des malts légers aux whiskies un peu plus solides, le détour par ce Tomatin est riche d'enseignements.

Style Malté, épicé et riche. Cordial ou digestif.

TOMATIN 10 ans d'âge, 40 % vol.

Couleur Or soutenu.

Nez Agréablement frais et franc, avec une douceur légère et maltée, et une touche de fumé, sèche et parfumée.

Corps Assez plein, souple, velouté.

Bouche Doux, mais sans excès. Il développe un caractère sec et parfumé, avec une note de gingembre.

Finale Légèrement mâcheux.

NOTE 75

TOMATIN 12 ans d'âge, 43 % vol.

Couleur Bronze.

Nez Malté et parfumé. Bruyère.

Corps Relativement plein. Souple et enveloppant.

Bouche Franc, doux, joliment arrondi. Saveurs et arômes bien fondus. Il développe des notes épicées. Gingembre.

Finale Apaisant, chaleureux. Long.

NOTE 76

TOMATIN 13 ans d'âge, 60,4 % vol., Cadenhead

Couleur Or nuancé de vert.

Nez Frais, légèrement dur.

Corps Assez plein, souple.

Bouche Doux. Caramel.

Finale Parfumé, sec.

NOTE 74

TOMATIN 25 ans d'âge, 43 % vol.

Couleur Bronze rougeâtre.

Nez Malté, épicé (un dégustateur a décelé la bergamote), fruité et souple, huileux, arrondi.

Corps Assez plein, velouté, affirmé.

Bouche Riche, malté, épicé ; notes de caramel. Il développe un caractère sec et vif, avec une touche de gingembre.

Finale De plus en plus épicé.

NOTE 78

TOMATIN 1968, 40 % vol., Connoisseurs Choice

Couleur Or soutenu.

Nez Doux, malté, aromatique.

Corps Assez plein, souple, légèrement sirupeux.

Bouche Doux, parfumé, fruité (orange ?).

Finale Assez bref.

NOTE 75

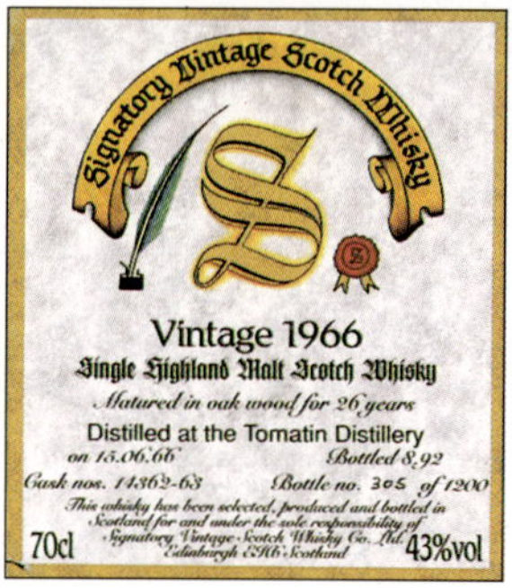

TOMATIN 1966, 43 % vol., Signatory

Couleur Bronze.

Nez Doux, malté, très aromatique.

Corps Assez plein, souple, légèrement sirupeux.

Bouche Doux, parfumé ; notes de caramel.

Finale Dominante tenace de caramel (toffee).

NOTE 75

Autre version de Tomatin

Un millésime 1964 de Gordon and MacPhail, de 40 % vol., est très sec – et vraiment très fruité, surtout au nez. NOTE 74.

TOMINTOUL

Producteur Whyte and Mackay
Région Highlands **District** Speyside (Livet)

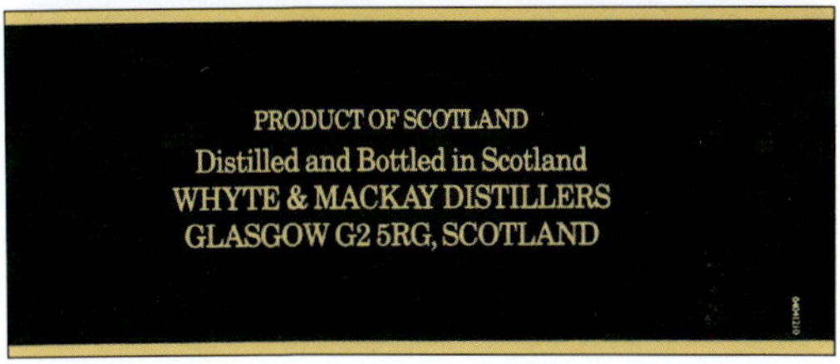

LE VILLAGE DE TOMINTOUL sert de camp de base aux randonneurs et aux grimpeurs, dans la région de la Livet et de l'Avon. Tout près, les collines de Cromdale et de Ladder annoncent les monts Cairngorm. Nous sommes dans la haute vallée de la Livet, et cette contrée isolée comptait autrefois de nombreuses distilleries clandestines – notamment à Tomintoul.

La distillerie actuelle est à quelques miles du village, en lisière de forêt, près de l'Avon mais malgré tout sur la paroisse de Glenlivet. Elle a été construite vers 1960, dans un style moderne. En dépit de l'aspect sauvage de la nature environnante, les malts de la vallée de la Livet sont très élégants, et Tomintoul est loin de déparer. En bouche, c'est le plus léger du district, bien qu'il ait un peu plus de corps que son voisin et rival Tamnavulin.

Style Délicat, herbacé, parfumé. Apéritif.

TOMINTOUL 12 ans d'âge, 43 % vol.

Couleur Or soutenu.

Nez Délicat, légèrement spiritueux, herbacé, parfumé.

Corps Léger, souple et velouté.

Bouche Doux ; notes d'orge écrasée ; malté.

Finale Vif et persistant.

NOTE 76

TORMORE

Producteur Allied Distillers
Région Highlands **District** Speyside

PAR L'ARCHITECTURE, C'EST LA PLUS ÉLÉGANTE de toutes les distilleries de malt, et son whisky a lui-même de la classe. Lorsque le promeneur laisse derrière lui les collines de la Livet et de l'Avon, il découvre un site inoubliable, Tormore. Avec son lac, ses fontaines, ses bâtiments immaculés aux charmantes lucarnes, son beffroi et son horloge à musique, ses haies taillées, et son arrière-plan de sapins sombres sur la hauteur, cette ville a tout d'une station thermale. Mais en fait d'eau, elle est à l'origine de l'eau-de-vie, *uisge beatha* (le premier nom du whisky). Et Tormore la fraîche, à l'ombre de sa colline, produit un malt d'une belle pureté.

La distillerie a été construite en 1958, quand le whisky se vendait bien, et c'est la première à avoir été créée de toutes pièces, dans les Highlands, au XXe siècle. Elle a été construite par Sir Albert Richardson pour Long John Distillers.

Style Souple, charnu et délicieux. En toute occasion.

TORMORE 5 ans d'âge, 43 % vol.

Couleur Or soutenu.

Nez Franc, sec, un peu fumé. Amande grillée ?

Corps Assez plein, ferme.

Bouche Délicieux. Superbe harmonie d'une belle douceur maltée et de notes sèches et un peu fumées. Il penche légèrement vers la douceur.

Finale Velouté, très fondu pour sa jeunesse.

NOTE 75

TORMORE 10 ans d'âge, 40 % vol.

Couleur Or soutenu.

Nez Nette influence de l'amande grillée.

Corps Assez plein, velouté, avec une belle texture.

Bouche Souple, bien équilibré.

Finale Souple, bien arrondi et très long.

NOTE 76

TULLIBARDINE

Producteur Invergordon
Région Highlands **District** Midlands

Au sud de Perth et pas très loin de Stirling se trouve une distillerie très méridionale, mais qui est tout de même dans les Highlands. L'endroit, Blackford, est réputé pour son eau, et l'on y a fait autrefois des bières ales fameuses. Le Tullibardine est embouteillé en single malt sous l'étiquette de la distillerie. Le principal whisky est un 10 ans d'âge, même s'il y a eu une version « Stillman's Dram » de 25 ans d'âge ; ce dernier a quelque chose d'un grand vin, avec des notes d'épices (dont le gingembre). Il est bien fondu et révèle peu à peu une grande subtilité. Il n'est pas très connu, mais, avec ses manières vieille Écosse, c'est un très bon compagnon d'apéritif.

Style Fruité, aromatique. Apéritif.

TULLIBARDINE **10 ans d'âge, 40 % vol.**

Couleur Or.

Nez Souple, malté, doux.

Corps Assez plein, ferme, velouté.

Bouche Plein, avec une belle douceur maltée et herbacée. Mais il n'est que modérément doux. Il a un fruit presque de chardonnay.

Finale Doux, parfumé, délicieux, ample.

NOTE 76

LES WHISKIES SINGLE GRAIN

Le whisky pur de grain, ou single grain, n'a évidemment pas sa place dans un ouvrage qui traite du single malt, mais il mérite malgré tout une mention. D'ailleurs, ces deux types de whiskies ne se voient-ils pas mariés, chaque jour que Dieu fait, dans les bouteilles de blended scotch ? Dans cette union, où le whisky de grain domine en volume, le malt apporte la plénitude de son corps.

Le processus de production du whisky de grain est continu, dans un alambic en forme de colonne (*patent still*) ; il est rapide et assez peu onéreux. Le breuvage obtenu a moins de caractère que le pur malt, mais il a les arômes de la matière première, qu'il s'agisse d'orge non maltée, de blé ou de maïs. C'est un whisky, et non un alcool quelconque, et il est vieilli pendant au moins trois ans. Il existe huit distilleries de grain en Écosse, et une ou deux sont en sommeil.

Depuis des décennies, *United Distillers* (et, auparavant, *Distillers Company Limited*) embouteille en single grain la production de sa distillerie Cameronbridge, à Fife. Ce whisky fait l'objet d'une diffusion confidentielle sous le nom de Cameron Brig et sous la marque Haig, sans indication d'âge. Il présente une couleur ambre, et une touche de sherry arrondit son caractère un peu râpeux en bouche. Depuis peu de temps, la distillerie Invergordon, dans les Highlands du Nord, diffuse activement un single grain de 12 à 22 ans d'âge, par l'intermédiaire de la société du même nom. Le graphisme de l'étiquette et la publicité indiquent que ce whisky est destiné à une clientèle jeune et branchée qui, actuellement, boit plutôt de la vodka.

Il y a plusieurs embouteilleurs indépendants de single grains plus vieux. *Signatory* en propose un, de Dumbarton, parfumé, boisé et assez plein. *James MacArthur* diffuse le Carsebridge, boisé et marqué par le sherry, et deux autres, de Ben Nevis et de Lochside. Pour ceux qui aiment les breuvages sortant de l'ordinaire.

The Invergordon est un single grain de couleur dorée, souple, franc et assez doux en bouche.

LES VATTED MALTS

Pourquoi produire un whisky qui ne soit ni un single ni un blend ? La défense et l'illustration de ce fait se fondent essentiellement sur la variation possible de l'un, due aux saisons, à l'âge, en opposition à la constance voulue de l'autre. Les amateurs de malt seraient-ils obsédés par la constance ? L'idée, bien sûr, est séduisante pour les exportateurs, distributeurs et détaillants qui veulent travailler sous leur propre marque. D'autre part, on peut aussi se référer au fait que les vatted ont été longtemps considérés comme une bonne entrée en matière de single malt. Mais, aujourd'hui, où la popularité des singles va toujours grandissant, on entend beaucoup moins parler des vatted.

Le mieux connu des vatted semble être le *Strathconon* 12 ans d'âge, un produit d'United Distillers, vendu sous l'étiquette de Buchanan. Il se compose de quatre malts différents choisis chacun sur un critère précis. L'un pour son bouquet, l'autre pour son goût, le troisième pour sa texture et le quatrième pour sa faculté d'assembler les trois autres en produit harmonieux et équilibré. La couleur du Strathconon est d'un or profond et brillant, son nez de malt et de fruit est franc, sa texture est d'honnête consistance, sa bouche sèche et légèrement maltée, sa finale sèche. C'est un produit très agréable.

Un autre exemple, toujours chez United Distillers, est le *Glenleven,* mais sous le label de Haig, cette fois. Son étiquette mentionne qu'il s'agit d'un malt des Highlands, assemblage de six produits différents. Il est d'une couleur bronze profond, une pointe de tourbe épicée apparaît au nez, sa texture est moyenne, avec de la jambe, le goût en est malté et fumé, et il se termine sur une très belle finale ample, sèche, longue et chaleureuse. C'est réellement un whisky de caractère.

Lorsqu'une distillerie a provisoirement fermé ses portes, comme c'est le cas de Tobermory, par exemple, l'existence de son étiquette peut se perpétuer par la production d'un vatted : ainsi en est-il de Glen Flagler, une distillerie des Lowlands qui produisait du single malt à Moffat, près d'Airdrie, dans les années 60. En 1985, la distillerie a été démantelée, mais l'étiquette survit toujours sur un vatted. A l'heure actuelle, on utilise encore une proportion de Glen Flagler, whisky assez léger, dans la composition du *Glen Flagler Pure Malt Special Reserve.* Il est de couleur or, d'un nez à la fois sec et doux, assez velouté et épais de corps, douceâtre de bouche, et d'une finale légèrement résineuse.

Gordon and MacPhail, l'embouteilleur indépendant, propose, parmi une vaste gamme de ses propres vatted, quelques produits qui sont une illustration judicieuse de l'esprit des grandes régions classiques (ce sont généralement des 12 ans d'âge). Voir page ci-contre.

PRIDE OF THE LOWLANDS
Couleur : ambre. Nez : légèrement fumé (du Glenkinchie ?). Corps : léger, doux et lisse. Bouche : douceâtre, aromatique (herbe ou graines de lin). Finale : fort en sherry, presque trop de caractère pour bien représenter les Lowlands d'aujourd'hui.

PRIDE OF STRATHSPEY
Couleur : ambre. Nez : une pointe de groseillier à fleurs. Corps : de moyen à plein. Bouche : moelleux et fort en sherry. Finale : doux et malté. *Pride of Strathspey* 25 ans d'âge. Couleur : plus pleine. Corps : plus ferme. Nez : plus sec, avec une pointe de fumée. Bouche : plus de fumée également. Finale : sec et fumé.

PRIDE OF ISLAY
Couleur : très bel ambre profond. Nez : moyennement tourbé. Corps : de moyen à plein. Bouche : iodé et beaucoup de goût. Finale : tourbé, sec, fort en sherry et long. Un produit sec et incisif.

PRIDE OF ORKNEY
Couleur : ambre rouge. Nez : miel de bruyère. Corps : moyen à plein, souple. Bouche : complexe, de la bruyère et de la tourbe. Finale : une bouffée de chaleur, longue et sèche.

LES AUTRES SINGLE MALTS

On trouve des malts (mais pas de single) dans d'autres pays, qui n'ont rien pour ça ; il s'agit en général de whiskies distillés en Écosse et simplement encuvés dans le pays de « production ».

Vous trouverez, par exemple, un whisky « Welsh » (gallois), au goût d'infusion, ou encore un malt appelé *Pride of India*, commercialisé par une société de Bangalore, en Inde, et portant la mention : « distillé à partir de malt fin et assemblé avec des whiskies de qualité par des experts écossais » ; il est légèrement malté et assez doux, et il s'atténue vite en finale.

La Nouvelle-Zélande, où beaucoup d'Écossais se sont établis, a un single malt appelé *Lammerlaw*, fait à Dunedin (ancien nom d'Édimbourg). On a produit du whisky à Dunedin dans la seconde moitié du XIXe siècle, mais la distillerie actuelle date de 1968. Le Lammerlaw est fait, paraît-il, à partir de neige fondue et de l'eau de source des Lammerlaw Mountains, et d'orge de Nouvelle-Zélande (qui est d'excellente qualité), dans des alambics classiques (*pot stills*). De couleur ensoleillée et dorée, il offre un arôme souple, plaisant et fruité (abricot ?), un corps léger mais ferme, une bouche très fruitée et une finale vive, avec une dominante de gingembre et sèche (légèrement tourbée).

Deux pays, l'Irlande et le Japon, ont une solide tradition de distillation, et proposent des single malts fort intéressants.

IRLANDE

Le plus récent des single malts irlandais s'appelle *Tyrconnell*, distillé à Cooley, près des Mourne Mountains. Ce whiskey, fait en 1989 et diffusé en 1993, a une robe or, un arôme de grain de céréale, un corps léger, une bouche huileuse et une finale très sèche. Après quelques années supplémentaires en fût, il pourrait se révéler très agréable ; toutefois, l'avenir de la distillerie – seule productrice indépendante de whiskey en Irlande – est incertain.

Le malt le plus ancien du pays est un 34 ans d'âge, diffusé en 1993-1994 et issu de la distillerie Coleraine – qui a longtemps été en sommeil. Sa robe est nuancée de vert ; avec un nez souple et presque pelucheux, et un corps plein, il est légèrement râpeux en bouche, avec des notes de caramel et d'épices, et un peu boisé en finale. Coleraine était autrefois la propriété d'Irish Distillers, qui contrôle aussi Bushmills.

Le *Bushmills Malt*, un 10 ans d'âge du comté d'Antrim, en Irlande, montre une robe or soutenu ; avec un nez chaud et doux, aux notes de graines de lin, et une bouche douce, huileuse et maltée, il offre une finale souple et lisse, qui s'assèche. Bizarrement, il est moins marqué

Avec les pagodes qui se reflètent dans l'eau de ses réservoirs, la distillerie Bushmills produit un whiskey irlandais single malt.

par le sherry que son compagnon d'écurie, le *Black Bush*, un blend de haut niveau. Ces whiskeys, de même que l'*Old Bushmills*, plus ordinaire, sont obtenus par triple distillation. La distillerie Bushmills, dans la petite ville du même nom, a été autorisée par le roi Jacques Ier, en 1608. C'est donc la distillerie de malt autorisée la plus ancienne au monde, bien que son single malt n'ait été lancé que vers 1985.

JAPON

C'est au cours des années 80 que les distilleries de malt japonaises ont commencé à embouteiller des single malts. Parmi ceux-ci, le plus connu est produit à la plus ancienne des distilleries de Suntory, Yamazaki, fondée en 1923, entre Osaka et Kyoto. Le *Yamazaki Pure Malt Whisky* présente une couleur claire, un nez frais, franc et malté, un corps assez léger, une bouche vive, sèche et maltée, et une finale longue, souple, maltée et chaleureuse. La compagnie possède aussi une distillerie plus grande, à Hakushu, et une plus petite, Hakushu East.

En 1992, Suntory a lancé deux nouveaux malts intéressants. Le premier, le *Kioke Jikomi*, est distillé à la dernière distillerie citée ; ce nom évoque, en japonais, l'utilisation de cuves de fermentation en bois, et le producteur a cherché à obtenir un whisky solide et plein en bouche, avec une influence du sherry. Il présente un nez sec, avec une belle nuance de tourbe, un corps arrondi, une bouche maltée et douce, et une finale parfumée. Le second, le *Kodaru*, est un assemblage de malts de Yamazaki et de la grande distillerie d'Hakushu. Il est filtré avec du charbon de bois de bambou, et c'est sans doute cette opération qui lui donne au nez une nuance de cendre ; avec un corps léger, il est doux et influencé par le bourbon en bouche, avec une finale longue et chaleureuse.

Le second des single malts japonais est fait par une société moins importante, Sanraku Ocean, dans une charmante petite distillerie, dans la ville de montagne de Karuizawa, dont elle a pris le nom. Le *Karuizawa Malt Whisky* est clair de couleur, avec un nez marqué par le sherry, un corps huileux et léger, une bouche sèche et maltée, nuancée de sherry, et une finale vive.

Le *Nikka «Hokkaido» Single Malt*, plus récent, offre une couleur ambre rouge ; il se caractérise par un nez sec, un corps relativement plein, une bouche sèche et maltée, nuancée de sherry, avec un certain caractère mâcheux et une finale très lisse, modérée et douce. Ce malt de bon niveau est produit par la plus ancienne des distilleries de Nikka, sur l'île d'Hokkaido. Le fondateur de Nikka a beaucoup étudié le Speyside après la Première Guerre mondiale ; la petite distillerie, dans la ville côtière de Yoichi, est le fruit, remarquable, de ses investigations.

Les toits à quatre pentes et les bâtiments de pierre de la distillerie Nikka.

Hakushu (Suntory) est la plus grosse distillerie de malt du monde.

COMMENT CONSERVER ET SERVIR LES SINGLE MALTS

Un verre de single malt, on le contemple avant de le déguster, sans précipitation. C'est comme un bon vin : selon la manière dont vous le servirez, vous ajouterez encore au plaisir qu'il peut donner ou, au contraire, vous gâcherez ce plaisir. Afin de vous assurer de faire ce qui se doit, permettez-moi de souligner les quelques points suivants.

La température

Un malt naturel exhalera des effluves désagréables s'il est glacé. C'est la raison pour laquelle les produits commerciaux sont filtrés à basse température. Ce filtrage à froid soustrait les corps solides en suspension qui pourraient, libres, précipiter ; mais également, de ce fait, il amoindrit le goût et affine la texture. Il n'y a aucune raison de garder un malt au froid et, au contraire, toutes les raisons du monde à ne pas le refroidir ou lui ajouter de la glace. Le froid engourdit la langue, et la glace modifie l'équilibre de l'alcool. C'est conservé et consommé à la température ambiante que le whisky s'exprime le mieux. Le single malt n'est pas une boisson fraîche que l'on boit pour étancher sa soif.

Le verre

Le verre traditionnel en forme de timbale n'est pas un non-sens. Il est d'une simplicité esthétique et permet bien la réfraction de la lumière à travers les couleurs. Là où il manque de qualité, c'est dans le rendu des couleurs et, plus important encore, dans le fait qu'il retient les arômes. Ces deux éléments d'insatisfaction inclinent à l'utilisation de verres à cognac, laquelle a tendance à se généraliser auprès des amateurs de single malt. Les assembleurs de blends procèdent à leurs dégustations dans des verres d'un type assez proche. Pour pouvoir le prendre en main sans masquer l'alcool, le pied est un peu plus haut, le fond est un peu moins ventru, le col cheminée légèrement refermé est un peu plus haut. C'est en somme le très classique verre de dégustation bien connu dans nos chais de Bourgogne et d'ailleurs.

L'addition d'eau

La texture – mais pas nécessairement le goût ou les arômes – d'un malt dans sa pleine et solide constitution s'apprécie mieux « nature », c'est-à-dire non diluée. Pourtant, un bon compromis consiste à ajouter juste une goutte d'eau, « comme la rosée sur la fleur », dirait Wallace Milroy, un marchand de vin qui a beaucoup écrit sur le whisky. Un doigt d'eau aidera le bouquet du malt à se réveiller et les arômes à s'épanouir dans la bouche. Certains assembleurs professionnels ne travaillent qu'avec leur nez, ne voyant nulle utilité à goûter leurs produits. D'autres, au contraire, aiment à tester leur whisky sec... au risque d'anesthésier leurs papilles à la première gorgée. D'autres encore font moitié moitié avec une eau très pure ou même distillée.

VISITE DES DISTILLERIES

Il fut un temps où la plupart des distilleries de malt ne possédaient ni une licence qui leur eût permis de faire goûter leur whisky ni même une bouteille pour offrir un verre au visiteur. Le temps passant et l'intérêt croissant pour le single malt ont fait qu'aujourd'hui nombre d'entre elles se sont organisées pour recevoir leurs visiteurs avec amabilité, voire cérémonie. A l'heure actuelle, beaucoup disposent de ce que l'on pourrait appeler un centre d'accueil. Quelquefois, on peut y regarder une vidéo sur le processus de fabrication. Presque toujours, une visite est organisée, suivie d'une dégustation. Quelquefois même, une boutique cadeaux vous attend, ou un bar, ou un restaurant. Même les distilleries qui ne sont pas vraiment organisées pour cela seront souvent heureuses d'accueillir le visiteur.

Un certain nombre, parmi les plus connues des Highlands, se sont même organisées en une sorte de route du whisky de malt, pour le plus grand plaisir du touriste. On peut obtenir un guide et une carte au Bureau du tourisme écossais dans Ravelstone Crescent, à Édimbourg (tél. 031.332.2433), ainsi que dans quelques autres offices du tourisme.

Au Scotch Whisky Heritage Centre, sur le Royal Mile, une grande avenue d'Édimbourg, le touriste peut assister à la projection d'un film sur l'histoire industrielle de la région, confortablement installé dans un fauteuil équipé d'un casque stéréo qui lui permet une écoute dans la langue de son choix.

La plus importante station de sports d'hiver écossaise est à Aviemore, où l'on peut également visiter le Cairngorm Whisky Centre and Museum (tél. 0479.810.363). Les visiteurs qui aimeraient se promener librement dans une distillerie non modernisée et parfaitement préservée doivent se rendre à Dallas Dhu, près de Forres. Renseignements : Département écossais des bâtiments historiques, 20, Brandon Street à Édimbourg (tél. 031.244.3101).

Les distilleries relevant de la liste ci-après accueillent volontiers les visiteurs. Certaines disposent d'un centre d'accueil ou d'une boutique, mais beaucoup n'ont pour activité que la distillation. Les heures d'ouverture, en principe, sont de 9 h 30 à 16 heures, du lundi au vendredi. Quelques-unes sont ouvertes toute l'année, d'autres seulement pendant l'été. Il est avisé de téléphoner au préalable.

ABERFELDY
Aberfeldy, Perthshire
0887 820330
(Centre d'accueil)

ABERLOUR
Aberlour, Banffshire
0340 871204
(Centre d'accueil)

AUCHROISK
Mulben, Banffshire
0542 860333

AULTMORE
Keith, Banffshire
0542 882762

BALBLAIR
Edderton, Ross-shire
0862 82273

BALMENACH
Cromdale, Grantown-on-Spey, Morayshire
0479 872569

BEN NEVIS
Fort William, Inverness-shire
0397 702476
(Centre d'accueil)

BENRIACH
Longmorn, Elgin, Morayshire
0542 887471

BENRINNES
Aberlour, Banffshire
0340 871215

BLADNOCH
Bladnoch, Wigtownshire
0988 402235
(Centre d'accueil)

BLAIR ATHOL
Pitlochry, Perthshire
0796 472234
(Centre d'accueil)

BOWMORE
Bowmore, Islay, Argyll
0496 810441
(Centre d'accueil)

BRUICHLADDICH
Bruichladdich, Islay, Agryll
0496 810221
(Centre d'accueil)

BUNNAHABHAIN
Port Askaig, Islay, Argyll
0496 840646

CAOL ILA
Port Askaig, Islay, Argyll
0496 840207
(Centre d'accueil)

CARDHU
Cardhu, Morayshire
0340 810204
(Centre d'accueil)

CLYNELISH
Brora, Sutherland
0408 621444
(Centre d'accueil)

CRAGGANMORE
Ballindalloch, Banffshire
0807 500202

CRAIGELLACHIE
Craigellachie, Banffshire
0340 881212/881228

DAILUAINE
Carron, Aberlour, Banffshire
0340 810361/810362

DALLAS DHU
Forres, Morayshire
0309 676548
(Centre d'accueil)

DALMORE
Alness, Rothshire
0349 882362

DALWHINNIE
Dalwhinnie, Inverness-shire
0528 522264

DUFFTOWN
Dufftown, Keith, Banffshire
0340 820224/820773

EDRADOUR
Pitlochry, Perthshire
0796 472095
(Centre d'accueil)

FETTERCAIRN
Fettercairn, Kincardineshire
0561 340244
(Centre d'accueil)

GLENALLACHIE
Aberlour, Banffshire
0340 871315

GLENBURGIE
Forres, Morayshire
0343 85258

GLENCADAM
Brechin, Angus
0356 622217

GLENRONACH
Forgue, by Huntly,
Aberdeenshire
0466 82346
(Centre d'accueil)

GLENDULLAN
Dufftown, Banffshire
0340 820250

GLEN ELGIN
Longmorn, Morayshire
0343 86212
(Centre d'accueil)

GLENFARCLAS
Marypark, Ballindalloch,
Banffshire
0807 500257
(Centre d'accueil)

GLENFIDDICH
Dufftown, Banffshire
0340 820373
(Centre d'accueil)

GLENGOYNE
Dumgoyne, Stirlingshire
0412 425300
(Centre d'accueil)

GLEN GRANT
Rothes, Morayshire
0542 887471
(Centre d'accueil)

GLENKINCHIE
Pencaitland, Tranent,
East Lothian
0875 340333
(Centre d'accueil)

THE GLENLIVET
Minmore, Banffshire
0542 887471
(Centre d'accueil)

GLENLOSSIE
By Elgin, Morayshire
0343 86331

GLENMORANGIE
Tain, Ross-shire
0862 892043

GLEN MORAY
Elgin, Morayshire
0343 542577

GLEN ORD
Muir of Ord, Ross-shire
0463 870421
(Centre d'accueil)

GLEN SCOTIA
Campbeltown, Argyll
0586 552288

GLEN SPEY
Rothes, Morayshire
0542 860333

GLENTURRET
Crieff, Perthshire
0764 652424
(Centre d'accueil)

HIGHLAND PARK
Kirkwall, Orkney
0856 873107
(Centre d'accueil)

INCHGOWER
Buckie, Banffshire
0542 831161

INVERLEVEN
Dumbarton, Dumbartonshire
0389 65111

JURA
Craighouse, Jura, Argyll
0496 82240

KNOCKANDO
Knockando, Morayshire
0542 860333

KNOCKDHU
Knock, Banffshire
0466 86223

LAGAVULIN
Port Ellen, Islay, Argyll
0496 302250/302400
(Centre d'accueil)

LAPHROAIG
Port Ellen, Islay, Argyll
0496 302418
(Centre d'accueil)

LINKWOOD
Elgin, Morayshire
0343 547004

LOCHNAGAR
Crathie, Ballater,
Aberdeenshire
0339 742273
(Centre d'accueil)

LOCHSIDE
Montrose, Tayside
0674 672737

THE MACALLAN
Graigellachie, Banffshire
0340 871471

MILTONDUFF
Elgin, Morayshire
0343 547433

MORTLACH
Dufftown, Keith, Banffshire
0340 820318

OBAN
Stafford Street, Oban, Argyll
0631 62110
(Centre d'accueil)

ORD *Voir Glen Ord*

PITTYVAICH
Dufftown, Keith, Banffshire
0340 820561

PULTENEY
Wick, Caithness
0955 2371

ROSEBANK
Falkirk, Stirlingshire
0324 623325

SCAPA
Kirkwall, Orkney
0856 872071

SINGLETON OF AUCHROISK
Voir Auchroisk

SPEYBURN
Rothes, Morayshire
0340 831213

STRATHISLA
Keith, Banffshire
0542 887471
(Centre d'accueil)

STRATHMILL
Keith, Banffshire
0542 22295

TALISKER
Carbost, Isle of Skye
0478 640203

TAMDHU
Knockando, Morayshire
0340 810221
(Centre d'accueil)

TAMNAVULIN
Ballindalloch, Dumbartonshire
0807 590442
(Centre d'accueil)

TOBERMORY
Tobermory, Isle of Mull
0688 2647

TOMATIN
Tomatin, Inverness-shire
0808 2234
(Centre d'accueil)

TORMORE
Grantown-on-Spey,
Morayshire
0807 510244

TULLIBARDINE
Blackford, Perthshire
0764 682252

INDEX

Les Importateurs de Malt Whisky

Ballantine's/ADSW
90, quai de Bercy
75610 Paris Cedex 12
Tél. 44.74.57.00
(The Glenlivet)

Bacardi-Martini
B.P. 50 - 93401 Saint-Ouen
Tél. 49.45.48.00
(Glen Deveron, Glenmorangie)

C.S.A.
24, rue du Président-Wilson
92532 Levallois-Perret Cedex
Tél. 40.87.68.50
(Dalwhinnie, Cragganmore,
Glen Ord, Glenkinchie,
Glendullan, Lagavulin,
Oban, Talisker

Laurent Perrier Diffusion
B.P. 3
51150 Tours-sur-Marne
Tél. 26.58.91.22
(Glen Moray)

Marie Brizard & Roger
International
B.P. 557
33002 Bordeaux Cedex
Tél. 56.01.85.85
(Dalmore)

Marne et Champagne Diffusion
B.P. 163
51056 Reims Cedex
Tél. 26.78.50.50
(Bruichladdich)

Moët Hennessy Distribution
37 bis, rue du Général-Leclerc
92442 Issy-les-Moulineaux Cedex
(Cardhu, Tyrconnell Single)

Mumm-Seagram France
Distribution
193, rue de Bercy
75012 Paris
Tél. 40.04.45.00
(Glen Grant, Glenlivet)

Pernod
120, avenue Foch
94015 Créteil Cedex
Tél. 49.81.51.51
(Aberlour Glenlivet, Bushmills)

Peuchet et Cie
9, boulevard Léon-Malfreyt
63000 Clermont-Ferrand
Tél. 73.35.39.97
(Aberfeldy, Ardberg,
Balmenach, Benriach,
Benrinnes, Benromach,
Bladnoch, Brackla, Brora,
Caol Ila, Caperdonich,
Craigellachie, Dailuaine,
Dallas Dhu, Glen Elgin,
Glenglassaugh, Lochside,
Macduff, Mannochmore,
Millburn, Mosstowie, Port
Ellen, Rosebank, St Magdalene,
Speyburn, Teaninich, Tomatin)

Rémy Distribution France
126, rue Jules-Guesde - B.P. 167
92305 Levallois-Perret Cedex
Tél. 49.68.49.68
(Bunnahabhain, Highland Park,
Tamdhu, Glenturret)

Sovedi
36, rue de Picpus
B.P. 148
75564 Paris Cedex 12
Tél. 40.19.71.00
(Knockando)

Taittinger
149, avenue Achille-Péretti
92200 Neuilly-sur-Seine
Tél. 46.37.07.70
(Glengoyne)

Verschave J. & Associés
28-30, rue Gabriel-Péri
94227 Charenton-le-Pont Cedex
Tél. 45.18.30.50
(Isle of Jura)